Friedrich Schleiermacher

Über den Ersten Brief Pauli an Timotheus

Ein kritisches Sendschreiben an J. C. Gass von F. Schleiermacher

Friedrich Schleiermacher

Über den Ersten Brief Pauli an Timotheus
Ein kritisches Sendschreiben an J. C. Gass von F. Schleiermacher

ISBN/EAN: 9783743381421

Hergestellt in Europa, USA, Kanada, Australien, Japan

Cover: Foto ©ninafisch / pixelio.de

Manufactured and distributed by brebook publishing software (www.brebook.com)

Friedrich Schleiermacher

Über den Ersten Brief Pauli an Timotheus

Über den ersten Brief
Pauli an Timotheus.

Ein kritisches Sendschreiben

an

J. C. Gass,

von

D. E D. Schleiermacher.

Braunschweig und Leipzig,
Verlag von Gerhard Reuter.

Vorrede.

Zu Schleiermachers interessantesten Schriften gehört ohne Zweifel seine Abhandlung über den ersten Timotheusbrief. Alle Eigenschaften des grossen Theologen, sein Scharfsinn, sein Ernst, seine Gewissenhaftigkeit treten uns hier entgegen; zugleich aber auch eine Beweglichkeit des Geistes, eine Frische der Auffassung, oft mit einem Anfluge von Ironie und Satire gepart, die ihn veranlasst, die Gravität seiner Beweisführung, die Schwerfälligkeit seines Stiles zu mildern. Während deshalb die Lektüre anderer Schleiermacherschen Schriften, selbst der Predigten, anstrengend ist und leicht ermüdend wirkt, wird doch jeder, der nur ein wenig im theologischen und philologischen Denken bewandert ist, seinen Timotheusbrief mit Genuss lesen. Die Form des Briefes, die S. seiner Abhandlung gegeben hat, mag nicht wenig dazu beitragen.

Zweierlei ist es, wodurch die vorliegende Schrift epochemachend gewirkt hat. Vor allem, dass die historische Kritik sich hier zum ersten Male an die neutestamentlichen Episteln heranmachte. Dass dieser erste Versuch sofort ein Schuss ins Schwarze war, hat nicht wenig dazu beigetragen, sie einzubürgern. Freilich wie konservativ ist Schleiermacher im Vergleich zu seinen Nachfolgern! Die beiden andern Pastoralbriefe sind ihm unzweifelhaft paulinisch, und gerade auf sie stützt er vorzugsweise seine Kritik. Bekanntlich sagt Baur in Bezug auf S.'s Schrift, der erste Timotheusbrief sei „der Verräter der falschen Brüder" geworden! — Das andere Epochemachende in unserer Schrift ist, dass S. hier zuerst anregte, eine derartige kritische Untersuchung in deutscher Sprache herauszugeben. In den — übrigens in jeder Beziehung sehr interessanten — Schlussbemerkungen rechtfertigt er sein Verfahren in sehr bemerkenswerter Weise.

Leider wird Schleiermacher heute nicht mehr so fleissig studiert, wie er es verdiente; kann doch niemand die neuere deutsche Theologie — kritischer, wie konservativer Richtung! — auch nur notdürftig verstehen, der ihn nicht kennt. Möge auch das vorliegende Werk ein wenig dazu beitragen, ihn im jüngeren Theologengeschlecht wieder bekannter und populärer zu machen.

Braunschweig, 18. August 1896.

Th. v. Hanfstengel.

Sie erinnern Sich, mein wertester Freund, dass ich schon, als wir uns zuletzt sahen, meines Verdachtes gegen unsern neutestamentischen ersten Brief an den Timotheos so gegen sie erwähnte, als sei es für mich ziemlich ausgemacht, dass er den Paulus nicht könne zum Verfasser haben. Das nähere von der Sache bin ich Ihnen aber immer noch schuldig geblieben. Denn damals wollte es uns nicht so gut werden, tiefer in diese Untersuchung mit einander hineinzugehen, so dass ich Ihnen meine Gründe nur einigermassen im Zusammenhange auseinandergesetzt, und Sie mir Ihre Einwendungen, denn günstig schienen sie mir der Sache auf den ersten Anblick nicht zu sein, vorgetragen hätten. Das wiewohl nur allzuschnell beendigte Gefecht, die darauf folgende Unruhe in der Stadt und sogar im Hause, das Durcheinanderlaufen der Menschen, der auf so mancherlei Weise interessante Anblick der französischen Krieger, die halb belachten, halb mitempfundenen Paroxysmen wunderlicher Besorgnisse, der immer noch unbegreifliche Schlag, der unsere Universität noch vor Ihrer Abreise traf, und der traurige Anblick der abschiednehmenden fortwandernden studierenden Jünglinge, dies waren in der That keine Umgebungen, um einen kritischen Richterstuhl dazwischen aufzuschlagen, und kein Zustand, um Wörter, Redensarten und Wendungen scharf ins Auge zu fassen, oder mitten in dem gänzlich unterbrochenen Zusammenhange des Lebens den schlechten Zusammenhang einer kleinen Schrift su beurteilen; wiewohl auf der andern Seite Sie mir damals, als so vieles verloren schien, auch ein neutestamentliches Buch vielleicht eher preisgegeben hätten als jetzt. Nun befinden Sie sich leidlich ruhig zwischen Ihren vier Wänden, und von mir muss ich mich fast wundern, dass die unerwünschte Musse, zu der ich seit jener Zeit verurteilt bin, mir es nicht eher möglich gemacht hat, Ihnen meine Schuld abzutragen, und dass ich auch jetzt noch darauf denken muss, möglichst sparsam mit der Zeit umzugehen. Darum hoffe ich, Sie lassen es sich gefallen, dass, wenn ich Ihnen jetzt die Sache darstelle, wie sie mir erscheint, und Sie nach Möglichkeit zu überzeugen suche, es so geschieht, dass das teilnehmende theologische Publikum gleich mit eingehen kann. Diese Einrichtung hat mancherlei Vorteile. Denn indem ich gleich öffentlich rede, kann mir doch, wenn es bei Ihnen ja nicht gelingen sollte, meine Behauptung durchzusetzen, dies bei manchen anderen indess gelungen sein; und daraus, dass ich mich doch unmittelbar und zunächst an Sie wende, ziehe ich den Nutzen, dass ich manches als unter uns abgemacht voraussetzen kann, worüber unser Publikum, welches, wie Sie wissen, immer nicht weit genug auf die ersten Grundsätze zurückgehen kann, vielleicht erst Rat zu pflegen und Einverständnis zu treffen verlangen möchte. Denn wahrlich, das sollte mir schlecht gefallen, wenn ich nun erst allerlei Vorreden machen müsste über die Befugnis zu einer solchen Untersuchung, und mich höflich entschuldigen bei vielen, dass ich schlechthin nichts davon verstehe, warum wohl die neutestamentlichen Bücher in irgend einer Hinsicht irgend anders sollten behandelt werden als andere, oder welches andere Maass man anlegen sollte, um über einen Verdacht gegen ihre Echtheit zu entscheiden, als bei anderen alten Schriften, sondern dass ich für diese Sammlung keine andere Regel wüsste, als für andere, welche die alten Grammatiker gemacht haben, dass nämlich nicht die Sammlung, sondern nur jede einzelne Schrift als ein ganzes anzusehen ist, und für sich selbst stehen und Beweis führen muss, wem sie angehöre, dabei aber auch die übrigen derselben Sammlung als Zeugen anführen kann und annehmen muss. Freilich sollte man denken, hiegegen dürften selbst die strengsten Anhänger der Eingebungslehre, inwiefern sie nur Protestanten sind und bei den Sammlern nicht wieder dieselbe Eingebung voraussetzen, nichts einzuwenden haben. Denn wenn sich nun zeigen liesse, dass eine Schrift sowohl im Gebrauch der Wörter und Redensarten, als in der Wendung und dem Zusammenhang der Gedanken von den übrigen desselben Schriftstellers gänzlich abweiche, so wäre es doch fast thöricht anzunehmen, dass sie dennoch dem, dessen Namen sie trägt, angehöre, und also vorauszusetzen, der heilige Geist habe sich eines seiner Instrumente gar nicht der Natur desselben gemäss, sondern ganz ihr zuwider bedient, wie einer unserer komischen Dichter die Tonkünstler beschuldigt, dass sie es mit den ihrigen nicht selten thäten. Aber wie gesagt, so klar dies alles mir ist, so lieb ist es mir doch, dass ich nicht nötig habe, es erst durchzufechten, indem ich zu Ihnen rede. Und dann kämen noch diejenigen, welche es am meisten mit der Nutzanwendung zu thun haben, von unsern Amtsgenossen den Predigern viele, und beklagten sich über die Menge der schönen Trost- und Ermahnungs- und Beweissprüche, die nun verloren gingen. Doch warum bin ich erst hierauf gekommen! Dies ist die nicht genug zu beklagende beschränkte Ansicht des heiligen Buchstabens, an die ich nicht denken kann, ohne teils darüber zu jammern, teils mich dagegen zu ereifern. Als ob nun grosses daran könnte gelegen sein, dass dies oder jenes, was wirklich und unleugbar im Sinne des Christentums von uns spekuliert und gelehrt oder den Christen aufgegeben wird, doch auch ja ein und das andere Mal mehr, oder um es gleich ganz und gerade herauszusagen, dass es überhaupt je buchstäblich in den heiligen Büchern stehe, und wir nicht vielmehr volles Recht hätten, auch das mit demselbigen göttlichen Ansehen vorzutragen, was so gewiss als die heiligen Bücher eine bestimmte Sinnesart und Ansicht darlegen, eben weil es in diese Ansicht gehört, aus ihrem wesentlichen Inhalte herfliesst und in Übereinstimmung damit steht, also auch wirklich im ganzen derselben enthalten ist, wenngleich nicht einzeln herausgehoben. Deshalb wahrlich könnte ich an jeder kritischen Untersuchung ganz ruhig teilnehmen, und noch manches missen aus unserer biblischen Sammlung, und gewiss mit mir jeder, der nicht etwa der wunderbaren Meinung zugethan ist, das Christentum könne seine Göttlichkeit nur abgeleitet besitzen von einer irgend anderweitigen Göttlichkeit der Schrift, und habe sowohl seine Einheit als die Begründung seiner einzelnen Teile nur in ihr, sondern für den vielmehr die Göttlichkeit der Schrift keine andere ist als die Göttlichkeit des darin enthaltenen, des Christentumes selbst. Allein hierüber wird wohl das unselige Hin- und Herschwanken und das behutsame Verbergen des Streitpunktes unter unbestimmten Wörtern, die doch, wenn man sich darüber vereinigt, nur einen unsichern Waffenstillstand gewähren, dies alles wird wohl so bald noch kein Ende nehmen, besonders unter denen unseres Standes, welche durch die gewöhnliche halb gelehrte, halb superstitiöse Behandlungsweise aus der natürlichen Ansicht des gesunden religiösen Sinnes einmal herausgerissen und doch ausser Stande sind, mit Hülfe einer höheren Einsicht wieder zu ihr zurückzukehren. Für diese weiss ich dann keinen anderen Trost, wenn sie doch Bedenken tragen, sich der Stellen aus einer untergeschobenen, aber doch alten und echt christlichen Schrift nach wie vor zu bedienen, als dass sich bei genauerer Betrachtung vielleicht finden wird, dass, wenn sie anders grammatisch gewissenhaft mit ihrem Text umgehen wollen, sie eben nicht etwas bedeutendes und sehr brauchbares werden verloren haben.

Allein dass ich ja nicht das Ansehen gewinne, als wollte ich, unter dem Vorwande, nur über Meinungen hinwegzueilen, die Ihnen eben so wenig gelten als mir, zugleich unvermerkt und arglistigerweise mich um etwas herumschleichen, was Sie mir allerdings einzuwenden gedächten! Wenn ich mich nämlich an Ihre Frage erinnere, ob ich denn irgend Zeugnisse oder historische Spuren für meinen Verdacht hätte, eine Frage, die wie Sie sehen werden, zu bejahen oder zu verneinen ist, je nachdem wir uns über den Sinn der Worte verständigen: so kann mir doch fast zweifelhaft werden, ob Sie mir die angezogene und auch von mir auf einem anderen Gebiete schon eben so aufgestellte Regel zur kritischen Würdigung einzelner Stücke aus alten Sammlungen nicht werden streitig machen, oder ob Sie nicht wenigstens sagen werden, dass, so weit sie auf das Neue Testament anwendbar sei, sie offenbar gegen mich zeuge; und ich will gewiss diese Bedenklichkeit nicht von mir hinwegschieben. Soll nämlich, können Sie sagen, unser Glaube an die Authentie der neutestamentischen Schriften auf dem Zeugnis der Zeitgenossen oder wenigstens solcher Schriftsteller beruhen, welche nahe genug an jene Zeit hinanreichen, dass ihr Zeugnis zugleich für das Zeugnis der Zeitgenossen selbst gelten kann: so wäre es bei der ausnehmenden Seltenheit solcher Schriftsteller, bei der grossen Wahrscheinlichkeit, dass jene Schriften nicht einmal gleich nach dem Tode der Apostel sind gesammelt worden, und in Erwägung der Schwierigkeit ihrer Verbreitung und der wenig ausgebreiteten Bildung und Bücherkenntnis unter den ersten Christen überhaupt sehr unbillig solche Beweise für jedes einzelne Buch zu fordern, und wo nicht es für einen Spätling oder ein Wechselkind halten zu wollen. Und wiederum, würden Sie wohl fortfahren, wenn wir uns der nächsten Zeugnisse entsagen, und doch jeden einzelnen Aufsatz besonders prüfen und bestätigen wollen: so müssten wir uns nur auf die innern Kennzeichen beschränken, für welche es bei gar vielen unter diesen Büchern an der gehörigen Basis, auf welcher wir mit Erfolg operieren könnten, notwendig fehlen, und daher immer zweifelhaft bleiben muss, wem sie eigentlich mögen zuzuschreiben sein. Aber wenn dem nun auch so wäre, liebster Freund, und wir nie erführen, wem eigentlich der zweite Brief Petri angehört und die beiden letzteren des Johannes, und die Apokalipsis und der Brief an die Hebräer, anderer noch unentschiedenen Fragen zu geschweigen: so weiss ich nichts, warum es nicht besser sein sollte, dies alles nicht zu wissen, aber der kritischen Kunst, indem die Aufgabe offen gehalten wird und der Preis gewonnen werden kann, die Möglichkeit, dass sie es entdecken könne, übrig zu lassen, als über dies und manches andere aus ganz und unzureichenden Gründen die Untersuchung für abgeschlossen zu erklären, so dass wir es gar nicht mehr mit Sicherheit erfahren können.

Doch was wollen wir uns mit allgemeinen Verhandlungen die Zeit verkürzen? lassen Sie uns lieber sehen, wie die Sache mit unserem Briefe insbesondere steht. In Absicht der Zeugnisse zuerst scheint er allerdings unter die begünstigsten Bücher zu gehören; denn nicht nur gehört er gar nicht unter die $\dot{\alpha}\nu\tau\iota\lambda\varepsilon\gamma\acute{o}\mu\varepsilon\nu\alpha$ oder $\nu\acute{o}\vartheta\alpha$ des Eusebius, so dass diesem gar kein Zweifel bekannt gewesen zu sein scheint, den in früheren Zeiten irgend bedeutende Männer oder einzelne Kirchen gegen ihn gehabt hätten, sondern er wird vielmehr schon von den

Zeiten des Irenäus an überall angeführt, ja schon früher wird Polykarpos unter diejenigen gezählt, welche Stellen aus ihm entlehnen. Hiergegen weiss ich nichts anzuführen, als dass unser Brief, welches Schicksal er freilich mit dem zweiten an denselben Timotheus und mit dem an den Titus teilt, in dem Kanon des Markion fehlte. Doch ich will daraus nur wenig beweisen, weil ich jetzt gar nicht den grossen Abweg mit Ihnen machen möchte, zu untersuchen, was eigentlich in welchen Fällen aus den Nachrichten über diesen Kanon zu schliessen ist. Ich könnte noch hinzufügen, dass die Anführung des Polykarpus mir etwas bedenklich scheine; denn die Worte Ἀρχὴ δὲ πάντων χαλεπῶν φιλαργυρία stimmen mit den Worten unseres Briefes Ῥίζα γὰρ πάντων τῶν κακῶν ἐστιν ἡ φιλαργυρία weit weniger wörtlich überein, als bei einem Gemeinspruch dieser Art nötig wäre, um auf eine Anführung zu schliessen; und wenn die folgenden Worte Εἰδότες οὖν ὅτι οὐδὲν εἰσηνέγκαμεν εἰς τὸν κόσμον, ἀλλ' οὐδὲ ἐξενεγκεῖν τι ἔχομεν freilich wohl genauer mit Kap. 6, 7 unseres Briefes zusammentreffen als jene Worte mit V. 10, so sind sie doch ebenfalls ein so trivialer Ausdruck, und so genau mit jenem Gemeinspruch zusammenhängend, dass in der That wenig daraus zu schliessen ist, sobald irgend ein der Vermutung ungünstiger Umstand eintritt. Und ein solcher ist doch in der That dieser, dass unmittelbar fast darauf in dem Briefe des Polykarpos von den Weibern und Wittwen die Rede ist, und sich, unerachtet unser Brief sich dadurch auszeichnet, der einzige zu sein im Neuen Testamente, der Vorschriften für die letzteren enthält, hier dennoch nicht die mindeste Spur einer Anführung zeigt, die in der That kaum wäre zu vermeiden gewesen, wenn Polykarpus unseren Brief so im Gedächtniss hatte, dass er jene Worte daraus entlehnen konnte. Umstände dieser Art, ich gestehe es Ihnen, haben für mich, wenn sie gleich nur negativ sind, eine so grosse kritische Wichtigkeit, dass ich hieraus gleich festsetzen möchte, Polykarpus habe unseren Brief nicht gekannt, und wir würden ihn, auch wenn uns alle seine Schriften übrig geblieben wären, nicht darin angeführt finden. In den übrigen Schriften der apostolischen Väter aber ist nirgends etwas aus unserem Briefe entlehnt, dass ich wüsste, oder seiner erwähnt. Was endlich den Eusebius betrifft, so behandelt er in jener bekannten Stelle H. E. III 25 die paulinischen Briefe als ein ganzes, was freilich beweiset, wie lange vorher schon die Sammlung gerade so wie wir sie haben abgeschlossen war, aber auch wie unkritisch man dabei zu Werke gegangen ist. Von dieser Seite also steht die Sache wohl so, dass, wenn sich gegründeter Verdacht gegen unseren Brief zeigt, er durch die Zeugnisse des Altertumes allein schwerlich könnte gerettet werden. Der Verdacht selbst aber muss freilich anders woher kommen, nämlich aus den innern Kennzeichen; und wie vielfältig er mir hier entgegengekommen ist und sich unwiderstehlich aufdrängt, das sollen Sie eben sehen und beurteilen. Denn bei einem für paulinisch ausgegebenen Briefe kann es uns unmöglich an den Mitteln uns von seiner Echtheit zu überzeugen fehlen, und für diese Sammlung für sich genommen muss ich eben ganz entgegengesetzt dem Eusebius, die aufgestellte Regel in der grössten Strenge festhalten. Zuerst nämlich haben wir ja für sie einen so gut als gleichzeitigen Schriftsteller, nämlich in dem Neuen Testamente selbst, an den, um ja nicht mehr zu sagen, als ich verantworten kann, und nicht über die Redaktion dieses merkwürdigen Buches voreilig etwas abzusprechen, an den in der Apostelgeschichte enthaltenen Aufsätzen. Hier finden wir Reden des Paulus, welche offenbar gar nicht gleich den hellenischen und römischen die deutlichsten Spuren an sich tragen, von dem Geschichtschreiber verfasst zu sein; wir finden ferner, wenngleich nur fragmentarisch, eine Erzählung der merkwürdigsten Begebenheiten seines apostolischen Lebens, und was noch mehr ist, eine durch alle Kennzeichen sich empfehlende sehr lebendige Darstellung seines Charakters und seiner Handelsweise. Aus der Übereinstimmung mit diesen Nachrichten müssen sich unstreitig die wichtigsten und grössten seiner Briefe als echt unmittelbar erweisen lassen, und diese wiederum müssen den übrigen als Typus der Composition und der Schreibart vorstehen, und denen die hierin mit ihnen übereinstimmen um so mehr zur Beglaubigung dienen, als eine sehr kunstreiche und besonnene Nachahmung unter den Christen jener Zeit nicht zu denken ist. So angesehen, hoffe ich, werden Sie gegen die Anwendung meiner Regel auf den vorliegenden Fall nichts einzuwenden haben, sondern mir Befugnis zum Zweifeln zugestehen, wenn meine Bedenklichkeiten wirklich durch Anlegung dieses Maassstabes entstanden sind, und mir um so mehr beistimmen, je mehr Sie Sich selbst überzeugen, wie wenig der Brief demselben gerecht ist. Genau genommen bin ich nicht einmal der erste, dem ein solcher Verdacht aufsteht, sondern wenn auch sonst niemand, wie ich denn keinen weiter weiss, so hat doch einer der gründlichsten und am meisten kritischen Forscher alter christlicher Geschichten unter den Theologen unserer Zeit, J. E. C. Schmidt, in seiner Einleitung ins Neue Testament S. 260 wirklich einen solchen Verdacht, und wohl gewiss für jeden der aufmerken will, bestimmt genug geäussert. Und zwar auch in Bezug auf die Apostelgeschichte, weil nämlich die Angaben des Briefes mit den Nachrichten, die jene erteilt, nicht übereinstimmen wollen. Den einzigen Ausweg gegen diesen Widerspruch nimmt er zwar auch an, aber offenbar nur mit dem Gefühl, dass es ein Notbehelf sei; und wenn Sie seine Worte recht betrachten, werden Sie nicht zweifeln, dass dieser Gelehrte in einem Zweifel befangen gewesen, der ihm nur noch nicht genug ausgebildet schien, um in einer Schrift wie diese bestimmter geäussert zu werden. Wirklich führt auch jener Ausweg, wenn man ihn weiter verfolgen will, nicht aufs geraume, sondern nur in eine andere neue Verwirrung hinein. Indess gestehe ich Ihnen, so wie der Zweifel dort vorgetragen ist, ergriff er mich während der Lesung so wenig, dass ich mich erinnere, noch in einer Vorlesung beiläufig, als ich Stellen aus diesem Briefe anderwärts zur Erklärung brauchte, meine Verwunderung geäussert zu haben, wie ein so besonnener Kritiker diesen Brief auch nur so anzweifeln könne. Daher will ich, weil meine eigne Überzeugung mir nicht auf diesem Wege vornehmlich gekommen ist, auch unsere gemeinschaftliche Untersuchung nicht hier anknüpfen, sondern sie so führen, wie ich nach Massgabe meiner eigenen Erfahrung glauben darf, die Sache am hellsten einleuchtend machen zu können. Und vielleicht lege ich hiermit ein nicht allzugünstiges Geständnis ab über mich selbst. Denn es kann wohl sein, dass Ihnen und mehreren einige sehr stark hervortretende Einzelheiten schon fast genügten; allein da mir selbst nur durch öfteres Lesen, indem ich mich zur Erklärung des Briefes in meinen Vorlesungen anschicken wollte, recht gewiss geworden ist, wie es sich damit verhalte, und ich gern von mir kann sagen lassen, dass ich länger gezweifelt als billig: so lassen Sie mich auch hier lieber zu viel thun, als zu wenig, und einen solchen Weg einschlagen, der Sie ebenfalls, wenn Sie ihn mit mir gehn wollen, zu einer öftern Lesung des Briefes nötigen wird.

Und wobei könnte ich nun besser anheben, als bei einer andern bedenklichen Frage von Ihnen, ob ich nämlich, da mir vieles so wunderlich vorkomme und ganz abweichend, auch unsern Brief mit den ihm am nächsten kommenden, dem zweiten an den Timotheus und dem an den Titus recht sorgfältig verglichen hätte. Das hatte ich nun allerdings schon damals, und habe es seitdem noch mehr gethan; wie denn ein grosser Teil von dem, was ich Ihnen vortragen werde, grade als Resultat dieser Vergleichung sehr merkwürdig und am meisten einleuchtend ist. Nur lassen Sie uns erst übereinkommen, wiefern wohl diese drei Briefe zusammengehören und worin sie einander ähnlich sein müssten, so dass sie sich mehr von den übrigen absondern und in einen eignen Kreis zusammenstellen. Nämlich alle drei haben wohl nur das allerdings merkwürdige unter sich gemein, dass sie an einzelne Personen gerichtet sind, in welcher Beziehung sie dann noch den kleinen Brief an den Philemon sich zugesellen würden, von dem aber doch hier weiter nicht die Rede sein kann. Dem Inhalt nach aber sind sie bei weitem so genau nicht verwandt; sondern unser Brief hat mit dem an den Titus nur zum Teil die Absicht gemein, über die in einer Gemeine zu treffenden Anordnungen das nötigste vorzuschreiben, mit dem andern an den Timotheus gar nur die persönlichen Verhältnisse des Paulus und seines Schülers, von denen aber hier sehr wenig die Rede ist, und sonst wenige Einzelheiten, und jene beiden zumal, der zweite an den Timotheus und der an den Titus, haben, was den Inhalt betrifft, gar nichts ähnliches. Dazu kommt noch ein bedeutender Unterschied der Zeit. Denn wenn sich auch nicht genau bestimmen lässt, wann eigentlich der Brief an den Titus geschrieben worden ist: so fällt doch gewiss der zweite Brief an den Timotheus um mehrere Jahre später, als der erste der Angabe nach müsste geschrieben sein, in einer merkwürdigen erfahrungsreichen Zeit, von der die erste Hälfte, jene Reise nämlich des Paulus, um die Gemeinen zu besuchen und mit der gesammelten Steuer gleichsam triumphirend in die Mutterkirche einzuziehen, unstreitig die Blüte seines Apostolats zu nennen ist, die andere dagegen, das einsame lange Gefängnis, als der Anfang seines Märtyrertums gelten kann. Der erste Brief gehört dann offenbar noch der ersten, der zweite der andern Periode an, und dies reichte in der That hin, um eine bedeutende Verschiedenheit zu begründen. Dennoch lasse ich mir die durch unseren Brief vermittelte Gemeinschaft aller dreier gefallen, auch in Beziehung auf die Sprache, und will mich nicht wundern, auch über eine grössere Übereinstimmung, als zu erwarten wäre, wenn nur alles rechtlich dabei zugeht. Dies sollte denn auch das erste sein, was wir mit einander in Betrachtung zögen, zu sehen, wie viele Einzelheiten unser Brief in Absicht auf die Sprache nur mit jenen beiden gemein hat, und wie wunderlich diese Gemeinschaft näher angesehen herauskommt. Allein zuvor lassen Sie sich gefallen, noch eine kleine Wanderung darauf anzustellen, wieviel Sprachschätze wir in unserem Briefe antreffen, die auch in jenen nicht, sondern nirgends in paulinischen Briefen, ja grösstenteils überhaupt im Neuen Testament nirgends vorkommen. Freilich werden Sie sagen, es sei natürlich bei einem Schriftsteller, von dem wir überall nur weniges und dies wenige in mehreren einzelnen Aufsätzen von ganz verschiedener Abzweckung verteilt besitzen, dass in jedem mehreres vorkomme, was sich sonst nicht findet. Und wer sollte dies nicht zugeben? Allein Sie werden gestehen müssen, dass diese Seltenheiten für unseren Brief ganz unverhältnissmässig sind. Nur müssen Sie dies unerfreuliche über sich ergehen lassen, dass ich Ihnen nun, ganz anders, als man sonst bei Gastmahlen mit kleinen die Esslust reizenden Schüsselchen anzufangen pflegt, zuerst ein trocknes, möglichst vollständiges Verzeichnis von Wörtern vorsetze.

Sehr bald V. 3 kommt Ihnen das wunderliche, sonst nirgends im N. T. erscheinende Wort ἑτεροδιδασκαλεῖν entgegen, welches seiner Natur nach ein anderes gar nicht vorkommendes ἑτεροδιδάσκαλος voraussetzt, und freilich auch dann nur schlecht wäre, da von so vielen Kompositis auf διδάσκαλος kein einziges auf διδασκαλεῖν

meines Wissens vorkommt. Es kommt Kap. 6, 3 noch
einmal wieder, wie denn überhaupt viele von diesen
seltenen, den paulinischen Schriften sonst ganz fremden
Wörtern in unserm Briefe selbst mehrmals vorkommen,
recht als wäre der Verfasser eben auch in Not, seine
Ausdrücke zu wiederholen, hätte aber nur einen anderen Vorrat als Paulus. Die letzte Stelle erklärt
durch einen Zusatz sehr deutlich, dass nichts anderes
gemeint ist als abweichend lehren von der ὑγιαίνουσα
διδασκαλία. Sonst sollte man aus dem der Form nach
ganz analogen und gewiss paulinischen ἑτεροζυγεῖν zierlicher vermuten, es bezöge sich mehr auf das unähnlich
andern neben ihnen bestellten Lehrern lehren. So
nähert es sich mehr dem ἑτερόγλωσσος aus 1. Kor. 14,
21, welches ausser jenem das einzige Analogon dafür
in den paulinischen Schriften ist. Allein sehen Sie
nur, wie sich Paulus anderwärts aus Unkunde des bequemen Wortes mühsam durchhilft mit dem ἄλλον Ἰησοῦν
κηρύσσειν 2. Kor. 11, 4, mit dem ἕτερον εὐαγγέλιον ebendaselbst und Gal. 1, 6, oder mit dem εὐαγγελίζεσθαι
παρ᾽ ὃ εὐηγγελισάμεθα ebendas. V. 8 und 9. Ich möchte
aber sagen, unser Wort habe schon einen etwas zu
hierarchischen Geschmack für ihn. Basilios, Chrysostomos und Theodoretos, bei denen es vorkommt, mögen
es wohl ursprünglich aus unserem Briefe haben.

ἀπέραντος V. 4, eine Form, die wahrscheinlich im
gemeinen Leben nicht so selten war, als wir sie in
Büchern finden, kommt auch nirgends wieder im N. Test.,
und der Verf. hätte kein besseres Wort wählen können,
damit uns seine schwer zu bestimmenden γενεαλογίαι,
von denen wir unten werden reden müssen, ja noch

schwieriger würden. Schon die auslegenden Väter Chrysost. Hom. 1. ἤτοι πέρας οὐδὲν ἐχούσαις, ἢ οὐδὲν χρήσιμον, ἢ δυσκατάληπτον ἡμῖν, oder wie Ökumenios beides zusammenzieht τὸ δὲ ἀπεράντοις οἷον τοῖς μὴ ἔχουσι πέρας τι χρηστόν, wissen offenbar nicht recht, was sie daraus machen sollen. Scheint Ihnen aber nicht auch, als ob wir fast ein Recht hätten, von Paulus bei solchen Stellen irgend ein Spiel mit dem Wort oder mit Gegensätzen zu erwarten, was uns Aufklärung gäbe? νομοδιδάσκαλοι V. 7 sind auch in den paulinischen Schriften sonst nicht zu finden, und Sie sollen die Wahl haben, ob Sie meinen wollen, es bedeute hier weniger gewisse Verrichtungen oder auch nur Kenntnisse, als vielmehr eine bestimmte Denkungsart, nämlich das hinübertragen wollen des mosaischen Gesetzes in das Christentum, wie Theodoretos zu erklären scheint Ed. Hal. Tom. 3. p. 640, was doch gewaltig abweichend wäre; oder ob Sie, versteht sich ohne mit Heinrichs zu glauben, die christlichen πρεσβύτεροι wären wirklich νομοδιδάσκαλοι genannt worden, was ganz wunderlich ist, doch vorziehen, es in der Bedeutung zu nehmen wie es im Lukas vorkommt für γραμματεῖς, und dann übersetzen, Sie wollen unter uns gleichsam die γραμματεῖς vorstellen; wie Chrysostomos es auch zu verstehen scheint, wenn er sagt Ὁρᾷς καὶ ἄλλην αἰτίαν τὴν τῆς φιλαρχίας; διὰ τοῦτο καὶ ὁ Χριστὸς ἔλεγεν, Ὑμεῖς δὲ μηδένα καλέσητε Ῥαββί, und es dann noch mit Gal. 6, 13 zusammenstellt. Allein eine solche Paralelle wäre wiederum eher von jedem andern zu erwarten als von Paulus.

νόμος κεῖται V. 9. Dieser Ausdruck von sehr guter Gräzität kommt meines Wissens im ganzen übrigen

N. Test. eben so wenig vor als sonst noch bei Paulus, der immer sagt κατὰ τῶν τοιούτων οὐκ ἔστι νόμος, oder οἱ τοιοῦτοι οὐκ εἰσὶν ὑπὸ νόμον. πατραλοίας, μητραλοίας, ἀνδροφόνος, ebend. alles dem N. Test. fremde Wörter. Auch pflegt Paulus in solchem Zusammenhange dergleichen den Heiden selbst ursprünglich fluchwürdiges und gräuelhaftes nicht vorzuführen. Gal. 5, 21, wo φόνος in einer ähnlichen Verbindung vorkommt, hat er offenbar nur den Gleichklang gesucht, und Röm. 1, 29, wo derselbe Fall stattfindet, hat man es deshalb schon immer nicht in dem buchstäblichen Sinne genommen.

θέμενος εἰς διακονίαν V. 12 ist auch eine schlechte Redensart, von der ich sagen möchte, sie käme im Paulus sonst nicht vor. Denn er redet besser 1. Cor. 12, 28 οὓς ἔθετο ὁ θεὸς ἀποστόλους, 2. Tim. 1, 11 ἐτέθην ἐγὼ κῆρυξ und bei Lukas Akt. 20, 28 ὑμᾶς τὸ πνεῦμα τὸ ἅγιον ἔθετο ἐπισκόπους, so dass ich nicht einsehe, warum er nicht auch hier sollte geschrieben haben θέμενος διάκονον. Oder sollten Sie mir 1. Thess. 5, 9 οὐκ ἔθετο ἡμᾶς εἰς ὀργήν entgegenstellen wollen? Schwerlich wohl.

διώκτης V. 13 finden Sie auch nur dies eine Mal. Weit gelinder ist doch, wenn Paulus sonst von sich selbst sagt ὡς ποτὲ ἐδίωκον oder von sich sagen lässt ὁ διώκων ἡμᾶς ποτε. Und dass er den Unterschied beider Ausdrücke gefühlt hat, sieht man wohl aus der Art, wie er ζηλωτήν Gal. 1, 14 braucht. Doch auf diese merkwürdige Stelle kommen wir noch einmal zurück.

ἀποδοχή hier V. 15 und Cap. 4, 9 wie ἀπόδεκτος Cap. 2, 3 und 5, 4 sind auch nicht einheimisch im N. Test.; sogar das Zeitwort ἀποδέχεσθαι ist wenigstens nicht paulinisch. εὐπρόσδεκτος, wofür ja unser Wort bequemer gewesen wäre, finden Sie Röm. 15, 16 und das ganz einfache δεκτός Phil. 4, 18, diesem fügt aber Paulus sein gewöhnliches Wort εὐάρεστος hinzu. Bei unserm Worte scheint übrigens offenbar die gastliche Bedeutung der guten Aufnahme mitzuspielen, in welcher es auch Plutarchos mit κλῆσις verbindet, σοφῶν καὶ ἀγαθῶν ἀνδρῶν ἀποδοχὴ καὶ κλῆσις Tom. II, p. 150. Offenbar heisst so ἀπόδεκτος ἐνώπιον τοῦ θεοῦ wohlaufgenommen bei Gott. Fast wunderbar wäre es, wenn Paulus dieser Ausdruck so geläufig gewesen wäre wie man aus unserem Briefe urteilen müsste, dass wir gar kein Spiel desselben mit dem bei ihm so sehr häufigen κλῆσις antreffen sollten. — Das wollen wir schenken, um nicht auszusehen, als ob uns nichts zu klein wäre, dass V. 16 dieser Artikel ἵνα ἐνδείξηται τὴν πᾶσαν μακροθυμίαν, den ich so auch nirgends loben möchte, sich bei Paulus sonst nicht findet, so gewöhnlich ihm auch die Wendung ist ἐν πάσῃ σοφίᾳ, εἰς πᾶσαν ἀρέσκειαν, εἰς πᾶσαν ὑπομονήν, ἐν πάσῃ μακροθυμίᾳ, μετὰ πάσης ἐπιταγῆς, πᾶσαν ἐνδεικνύμενος πραότητα. Soll ich aber auch das schenken, dass ἀπωθεῖσθαι hier V. 19 offenbar von denen muss verstanden werden, die schon im Christentum gewesen sind und also den Glauben und das gute Gewissen in sich hatten? In den LXX lesen wir freilich ἀπωσάσθωσαν τὴν πορνείαν αὐτῶν Ezech. 43. 9, Paulus aber braucht das Wort in seiner eigentlichen Bedeutung, wo das, was jemand von sich stossen soll, ausser ihm sein muss. Röm. 11, 1 μὴ ἀπώσατο ὁ θεὸς τὸν λαὸν αὐτοῦ; und bei Lukas Act. 13, 46 ἐπειδὴ δὲ ἀπωθεῖσθε τὸν λόγον. Das gleich folgende ναυαγεῖν kommt im N. T. auch nirgends metaphorisch vor, und schlecht ist es hier, weil es einen leicht über das ἀποθεῖσθαι verwirren könnte, was auch ein Schiffsausdruck ist. Pollux 1. 114.

In den letzten Worten unseres Capitels wird gewöhnlich das παιδεύεσθαι als κολάζεσθαι erklärt. Theodoretus nimmt es freilich ganz streng so, wie Sie am deutlichsten aus den letzten Worten seiner Erklärung sehen können. ἐκείνους δὲ εἰκὸς ἦν παιδευομένους μεταβαλεῖν τὴν γνώμην. Auch Chrysostomus scheint derselben Meinung zu sein, da er die Frage aufwirft, warum der Apostel sie nicht selbst gezüchtiget habe. Allein Phavorinus, welcher lehrt, diese Bedeutung werde nur in der heiligen Schrift gefunden, meint gewiss die zahlreichen alttestamentischen Stellen, nicht die unsrige. Hier würde diese Bedeutung die Struktur gar zu schlecht machen, wenn man nicht ἵνα für ὥστε nehmen und übersetzen wollte, so dass sie durch die Strafe ausser Stand gesetzt würden zu βλασφημεῖν, was wohl niemand wollen wird. Das Strafen liegt schon in dem παρέδωκα, und das ἵνα deutet offenbar auf eine Folge, damit sie lernen, wie wir auch als Drohung sagen, ich will dich lehren, ohne dass man deshalb sagen könnte, lehren hiesse bei uns auch strafen. Allein auch in dieser Bedeutung lehren kommt nun die Struktur παιδεύειν τινά τι im N. Test. nirgends vor.

Im zweiten Kap. haben wir gleich an ἔντευξις ein schönes Wort, das nur in unserem Briefe noch einmal Kap. 4, 5 vorkommt. Theodoretus und Oekumenius erklären es durch κατηγορία τῶν ἀδικούντων. Und freilich da hier, auf eine ganz andere Art, wie mir scheint, als Paulus zu häufen pflegte, alle Worte gehäuft sind, die nur je vom Gebet gebraucht wurden: so gerät, wer nun jedem Worte sein eigenes Gebiet anweisen will, leicht in Verlegenheit. Denn da schon δέησιν erklärt war durch ἱκεσία ὑπὲρ ἀπαλλαγῆς λυπηρῶν προσφερομένη und προσευχή durch αἴτησις ἀγαθῶν, so blieb wohl kaum ein anderer Ausweg übrig. Allein diese Erklärung ist bei der zweiten Stelle Kap. 4, 5 gar nicht anzuwenden und auch sonst schlecht genug. Bei den Alten entspricht ἔντευξις genau dem einzigen wahren Sinne von ἐντυγχάνειν mit jemand zusammentreffen. So auch ἔντευξις Sap. 8, 21 und 16, 28, bald absichtlich, bald von ungefähr. Und weil dann hier das Gespräch das erste ist, woran man denkt, so kann natürlich ἐντυγχάνειν τινὶ κατά τινος heissen jemand anklagen, und ὑπέρ τινος Fürsprache einlegen. Beides gebraucht auch Paulus; aber man darf ihn nicht beschuldigen, dass er ἔντευξις für sich allein in einer Bedeutung genommen habe, die es nur durch die Verbindung mit jener ersteren Partikel erhalten konnte. Das einzige, was die beiden Väter für sich haben, ist eine Stelle 1. Makk. 10, 64, wo οἱ ἐντυγχάνοντες für sich Ankläger zu heissen scheint. Schleusner behauptet dies auch wirklich in seinem Spicil. I. und in dem Lexic., allein glauben Sie es dem braven Lexikographen nicht, der gern den Fehler begeht, nach zu vielen Bedeutungen zu suchen. Biel, der bis V. 61 mit seiner Zitation zurückgeht, gab ihm einen Wink, sich dieses Additament zu sparen, den er aber nicht verstand. Dort nämlich steht ἐπισυνήχθησαν ἄνδρες παράνομοι ἐντυγχάνειν κατ' αὐτοῦ, und dieses κατὰ will noch immer verstanden sein bis V. 64. Leider aber herrscht in unserer Stelle eben so im Gegenteil das ὑπέρ. und es bleibt also von jener Erklärung schwerlich etwas übrig als der gute Wille, unserm Autor zu Hülfe zu kommen. Eine andere soweit wenigstens richtigere Glosse παράκλησις περὶ σωτηρίας ἑτέρων entgeht wiederum dem Tadel der Abundanz nicht. Noch zweifelhafter wird. was unser Mann wohl gewollt habe, durch die zweite Stelle. wo man gar in Versuchung geraten könnte λόγος ἐντεύξεως zu konstruieren. Oekumenius strengt sich zwar sehr an. seiner vorigen Erklärung widersprechend uns zu sagen πρωϊτύστερον δὲ κεῖται· διὰ γὰρ λόγου καὶ ἐντεύξεως τῆς πρὸς θεὸν γενομένης, und kommt so glücklich über die fremde Bedeutung von λόγος θεοῦ, die man hier gewöhnlich annimmt, hinweg; aber noch ein solches πρωϊτύστερον soll doch auch bei Paulus nicht nachzuweisen sein.

Gleich in der Nähe V. 2 haben Sie abermals zwei nicht paulinische Wörter ἤρεμος und ἡσύχιος, von denen das erste auch überall im N. T. nicht vorkommt. Das Zeitwort ἡσυχάζειν ist freilich bei Paulus zu finden und so auch das Hauptwort ἡσυχία: allein statt des Adjectivs bedient er sich des adverbiellen Ausdrucks ἐν ἡσυχίᾳ, der freilich aus 1 Cor. auch einmal in unserm Briefe kopiert ist. — ἀντίλυτρον findet sich ebenfalls sonst nirgends. Auch wüsste ich im paulinischen Gebrauch keine Analogie für ein solches abundierendes ἀντί in der Zusammensetzung. als etwa ἀντιμισθία. — Auch ἐπαίρειν V. 8, ein sonst im N. T. nicht seltenes Wort, ist nur im Medio und der diesem eigentümlichen Bedeutung paulinisch. — Dagegen ist καταστολή auch im N. T. sonst nicht zu finden, und wir werden wohl zweifelhaft bleiben müssen über die Bedeutung, ob καταστολή die

Kleidung bedeutet und nur κόσμιος die Eigenschaft davon, oder ob wir, wie im Plutarchus καταστολὴ περιβολῆς vorkommt, schon bei dem ersten Wort an eine Eigenschaft der Kleidung zu denken haben, und das letzte nur ein abundierendes Beiwort ist. — Dass ein Wort, wie μαργαρίτης bei Paulus weiter nicht vorkommt, ist freilich nicht zu verwundern. Dasselbe gilt von πλέγμα, wobei ich mich übrigens mit Salmasius an die Glosse des Hesychius halte, τὸ σὸν ταῖς θριξὶν πλεκόμενον γυναιξίν, was von Bändern und sonst mit eingeflochten wird, und überlasse Heinrichs Erklärung, nach welcher nun gar πλέγμασιν ἢ χρυσῷ statt πλέγματι χρυσῷ stehen soll, den Liebhabern.

ἐπαγγέλλομαι V. 10 kommt in dieser den Griechen so gewöhnlichen Bedeutung profiteor aliquid sonst nirgends im N. T. vor, als noch einmal in unserem Briefe Kap. 6, 21, wo es überdies ziemlich schlecht steht. — Das dabei stehende θεοσέβεια ist eben so einzig, und nur Johannes hat einmal das Adjektiv θεοσεβής. — Noch haben Sie in diesem Kap. αὐθεντεῖν, das weder im N. T. noch in den LXX vorkommt — sonst etwas darüber zu sagen ist nach Wetstein nicht mehr nötig — und τεκνογονία, was eben wir τεκνογονέω und das verwandte τεκνοτροφέω nur in unserm Briefe vorkommt.

Das dritte Kap. wird uns nur weniges aber zum Teil merkwürdiges geben. Von ὀρέγομαι — welches in unserm Briefe noch einmal Kap. 6, V. 10 vorkommt, wo ὀρέγεσθαι φιλαργυρίας eine Ungenauigkeit von solcher Art ist, deren Paulus sich nicht schuldig macht, gar nicht zu vergleichen, wie doch Grotius thut mit ὀρέγεσθαι πορισμῶν Sap. 14, 3, sonst aber ausser dem Briefe an die Hebr., den ich, wie Sie wissen, nicht für paulinisch halte, nirgends im N. T., will ich nichts weiter sagen, wie es sich hieher verirrt hat. Das N. T. braucht durchgängig dafür ἐπιθυμεῖν, Paulus, auch wohl ἐπιποθεῖν. — Aber sagen Sie, ob καλὸν ἔργον hier etwas anders heissen kann, als ganz einfaches bona? oder ob Sie sich denken können, dass hier ἔργον irgend als ein zu verrichtendes gesetzt ist, wie doch offenbar in der einzigen paulinischen Stelle, die sich dieser am meisten nähert, Phil. 1, 6 ὁ ἐναρξάμενος ἐν ὑμῖν ἔργον ἀγαθόν. Bedenken Sie nun, wie häufig Paulus in einem ganz andern Sinne ἔργα ἀγαθά und καλά gebraucht, und ἔργον durchaus immer nach seiner eigentlichen Geltung, und gestehen Sie, dass Sie diese Stelle ihm ganz fremd finden müssen.

ἀνεπίληπτος V. 2 kommt im N. T. nirgends, in unserm Briefe aber dreimal vor, zur abermaligen Bestätigung des oben schon gesagten; wie denn den neutestamentlichen Schriftstellern auch ἐπιλαμβάνεσθαι in der Bedeutung tadeln nicht geläufig ist und höchstens einmal Luk. 20, 26 vorkommt. Paulinische Ausdrücke dagegen sind ἄμωμος, ἄμεμπτος, ἀνέγκλητος.

νεόφυτος ist wieder ein ἅπαξ λεγόμενον. Nur in den LXX kommt es öfters vor, in der Bedeutung neugepflanzt. Demgemäss erklärt nun auch Chrysostomus durch νεοκατήχητος, Theodoretus durch ὁ εὐθὺς πεπιστευκὼς und νεοτελής. Pollux 1, 231 tadelt das Wort, εὐτελὲς μὲν γὰρ τὸ ὄνομα, κέχρηται δέ αὐτῷ Ἀριστοφάνης. Doch mehr noch als das Wort wundert mich die Vorschrift selbst, wie Paulus es anfangen wollte, um keiner Gemeinde von den vielen, die er oft schnell hinter einander auf einer Reise pflanzte, einen νεοτελής zum ἐπίσκοπος zu geben! An den Titus auf Kreta macht er eine solche Anforderung nicht. Aber freilich auch nur zwanzig Jahre später war es ein leichtes. — Eben so ist δίλογος nirgends weiter anzutreffen, und auch der fleissige Wetstein lässt uns hierbei im Stich. Pollux führt das Wort an 2. 118, aber so, dass man nicht weiss, ob in der Bedeutung, wie διλογία im Xenophon vorkommt für Wiederholung, oder so wie es hier wohl sein muss. Nur diese Bedeutung, wie nach Grotius auch Schleusner thut, durch i. q. δίγλωσσος auszudrücken, dünkt mich etwas sehr dreist.

βαϑμός V. 13 findet sich nirgends weiter im N. T. In der kanonischen Sprache aber werden Sie es häufig genug finden; ich verweise Sie nur der Kürze wegen auf Suid. thes., der Stellen genug gesammelt hat. Zweierlei Arten lassen sich nur denken, wie das Wort kann zu verstehen sein. Entweder sie steigen eine Stufe höher im Messiasreich, was man dann von Seligkeit und Glückseligkeit gegenwärtiger — wie Chrysostomus wohl meint, wenn er sagt βαϑμόν, τοῦτ' ἔστι προκοπήν — oder künftiger — wie Theodoretus erklärt τὸν τιμιώτατον βαϑμὸν ἐν τῷ μέλλοντι λήψονται βίῳ — verstehen könnte. Aber von einer Stufenleiter von Seligkeit scheint Paulus gar nichts zu wissen; dies ist kein Gedanke, der nur irgend bei ihm vorkäme. Und hätte er dabei an das militärische gedacht, so ist dies gerade eine von den Vergleichungen, die er gern weiter ausführt; aber nirgends finden wir, dass er einer Stufenleiter vom στρατηγός zum στρατιώτης gedacht hätte. Oder sie erwerben sich eine Stufe in der kirchlichen Würde zum Episkopat. Allein auch dies Stufenwesen möchte wohl eben so wenig paulinisch sein, als der Gedanke überhaupt, einen διάκονος zum ἐπίσκοπος zu machen, da Paulus beides für verschiedene χαρίσματα hielt. Röm. 12, 7. Schmeckt also nicht auf jeden Fall die Redensart nach einem fremden Geiste, und einer etwas anderen Zeit? Was aber auch der Verf. habe sagen wollen: so hat er sich sehr schlecht ausgedrückt durch dieses βαθμὸν περιποιεῖσθαι. — Noch weniger indess weiss ich παρρησίαν περιποιεῖσθαι zu verteidigen, was ich offenherzig bekenne, gar nicht zu verstehen. Dass παρρησία ausser der Freimütigkeit auch guten Mut bedeute, versteht sich von selbst und geht unmittelbar aus der Art hervor, wie den Alten die Einerleiheit des Redens und Denkens überall vorschwebte. Aber schon Vertrauen in einen anderen heisst παρρησία nie, und ich erbiete mich in jeder Stelle, die man so auslegen könnte, die obige Bedeutung als die einzig richtige nachzuweisen; vielweniger noch Vertrauen anderer in den, dem die παρρησία zugeschrieben wird, wie Heinrichs hinwirft. Wie man sich nun durch das καλῶς διακονῆσαι Freimütigkeit und guten Mut erwerben könne, und wie sich das hier an das vorige vom βαθμός anschliessen solle, das verstehe ich gar nicht. Hiezu kommt noch, dass περιποιεῖσθαι auch kein paulinisches Wort ist, er müsste es sich denn ausdrücklich für Ephesos aufgehoben haben, denn einmal leiht es ihm freilich Lukas Akt. 20, 28 in der Rede an die ephesischen Ältesten. Aber gewiss ist dies nur geliehen; denn Paulus bedient sich nur des Substantives περιποίησις, unerachtet fast immer das Zeitwort eine leichtere und auch ihm nicht ungewöhn-Struktur gegeben hätte, wie 2. Thess. 2, 14 ἐκάλεσεν ὑμᾶς εἰς πενριποίησιν δόξης τοῦ κυρίου, wo sogar durch den Gebrauch des Substantives der Satz zweideutig wird. Wenn Sie mir einwenden, es wäre höchst wunderlich zu glauben, einer habe ein Zeitwort nicht gekannt, wenn er ein davon gebildetes Hauptwort kennt: so antworte ich, gekannt gewiss, aber vermieden vielleicht, wenn er nicht sicher war, wie es in welchen Formen jenem Hauptwort analog könne gebraucht werden. — Nun ist in unserm Kap. nur noch das nirgends zu Hause gehörende Wort ἑδραίωμα zurück, was wohl am besten mit dem analogen στερέωμα τῆς πίστεως Kol. 2, 5 zu vergleichen ist, und von Oekumenius sehr unbestimmt durch βεβαίωσις umschrieben und gewiss noch schlechter per hendiad, erklärt wird.

Doch wir gehen zum vierten Kap., wo uns gleich ῥητῶς als ein gar nicht neutestamentisches Wort entgegenkommt und ὕστερος eben so wenig. Nur das Adverb. ist gewöhnlich, und wahrlich, es wäre besser gewesen, dies zu gebrauchen, als ἐν ὑστέροις καιροῖς zu sagen. Das letztere Wort steht nun hier gar schlecht und bedeutungslos bloss für χρόνος. Paulus aber braucht sonst καιρός ganz richtig, denn es ist ihm immer eine durch irgend etwas qualitativ bestimmte Zeit. So ist gewiss auch das πρὸς καιρόν 1. Kor. 7, 5 in Beziehung auf das folgende zu verstehen, und πρὸς καιρὸν ὥρας 1. Thess. 2, 17 nicht bloss πρὸς ὀλίγον, wie Theodoretus erklärt, sondern das καίριον für sein ganzes Geschäft ist mit ausgedrückt. Und dies sind die zweifelhaftesten Stellen, so dass ich glaube, es wird keine übrig sein als diese, wo das Wort aus seiner eigentlichen Sphäre herausginge. Sollte etwa die wunderliche Bemerkung

des Suidas καιροῖς δὲ ἡ γραφὴ λέγει τὰς συμφοράς, bei der
man zunächst an Matth. 26, 18 denken möchte, mit
auf unsere Stelle gehn? καυτηριάζω, denn ich will nicht entscheiden, dass
man καυστηριάζω schreiben müsse, ist auch nicht einheimisch im N. T. Des Sinnes wegen würde ich mich
am liebsten an den Theodoretus halten, κεκαυτηριωσμένους
δὲ τὴν ἰδίαν συνείδησιν αὐτοῖς κέκληκε, τὴν ἐσχάτην αὐτῶν ἀναγκαίαν διδάσκων. ὁ γὰρ τοῦ καυτῆρος τόπος νεκρωθεὶς τὴν προτέραν
αἴσθησιν ἀποβάλλει. Offenbar ist hier mehr an die ärztliche
Operation des Ausbrennens zu denken, als an das
Brandmarken, wie denn verlaufene Knechte und Verläumder hier gar keinen Vergleichungspunkt geben.
Aber freilich für die Leute, die hier beschrieben werden,
schickt sich jenes eben so wenig. Und das mag wohl
Chrysost. gefühlt haben bei seiner höchst allgemeinen
Erklärung κεκαυτηριασμένοι τουτέστι πονηροῦ ὄντες βίου.

κτίσμα kommt nur noch Jak. 1, 11 vor. Paulus
bedient sich durchaus des Wortes κτίσις in passivem
Sinne, so dass es wunderlich wäre, wenn er grade hier
und sonst nirgends κτίσμα gebraucht hätte. Sieht es
nicht nach einem aus, der jenes nicht nachahmen wollte
und κτίσμα in den ihm sehr geläufigen Apokryphis fand?
Ausdrücklich dem Menschen entgegengesetzt steht es
Sap. 9, 2 und 13, 5 vom unbelebten.

ἀπόβλητον, so dass man sich nicht enthalten kann,
an das homerische οὐδὲν ἀπόβλητ' ἐστὶ θεῶν ἐρικυδέα δῶρ' zu
denken, statt des gewöhnlichen κοινόν oder ἀκάθαρτον. —
Auch ὑποτίθεσθαι kommt im medio gar nicht vor im
N. T. Man müsste übersetzen, dies zum Grunde
legend bei deinen Ermahnungen, oder dies dabei an

die Hand gebend. Es hat gewiss Ähnlichkeit mit ἐπιγράφειν; allein in Paulus Sprachschatz mag das Wort schwerlich gewesen sein, der besonders in der Zusammensetzung die Präpositionen in der stärksten Hauptbedeutung liebt, und sich für diesen Begriff immer mit παραγγέλλειν, παρακαλεῖν hilft. — Dicht dabei ist ἐντρεφόμενος wieder einzig im N. T.. und schwerlich paulinisch; denn auch wo er Gleichnisse von der Palästra hernimmt, hat er nie eine ähnliche Wendung. Bemerken Sie aber nur das Präsens! es müsste doch offenbar ἐντεθραμμένος heissen. Theophylaktus, der einzige Alte, der hierauf Rücksicht nimmt, will es zwar verteidigen: Τὸ γὰρ ἀδιάλειπτον τῆς εἰς τὰ τοιαῦτα προσοχῆς δηλῶν εἶπε τὸ ἐντρεφόμενος. Allein es bleibt schlecht; denn als διάκονος muss er ein ἐντεθραμμένος sein, und wenn der Verf. es wie Theophyl. genommen hätte, müsste eine ganz andere Wendung erfolgt sein. — γραώδης V. 7 ist freilich den Alten mit μῦθος sehr verwachsen; allein wie sonst μῦθος im N. T. gebraucht wird, findet dies nicht statt. Weder die ἰουδαϊκοὶ μῦθοι im Brief an den Titus — obgleich Theodoretus hier so erklärt γραώδεις γὰρ μύθους τὰς ἰουδαϊκὰς διδασκαλίας ἐκάλεσεν — noch die der ἀλήθεια entgegengesetzten 2. Tim. 4, 4 vertragen das Beiwort. Eben so schlecht stimmt das eine Beiwort zu dem andern βέβηλοι. — γυμνάζειν findet sich auch sonst bei Paulus nicht. Überall wo er auch in andern Worten mit Übung und Kampf zu thun hat, führt er das Bild weiter aus; vergl. 2. Tim. 4, 7. 8. 1. Kor. 9, 24 flg. Eph. 4, 10 flg. Nun kommt freilich hier noch hinzu ἡ γυμνασία V. 8, ein gar wunderliches Wort, das nicht nur im N. T.

sonst nirgends, sondern überhaupt fast nirgends einheimisch ist. Daher wir auch in Verlegenheit sind, was es bedeute. Gegen das Enthalten von allerlei Dingen streitet Paulus immer nur als gegen ein opus operatum im Zusammenhange mit dem Gesetz; von der Seite der γυμνασία angesehen, hätte er es wohl schwerlich so kurz und beiläufig abgefertigt. Aber schwerlich war auch damals Gelegenheit, die Sache von dieser Seite zu betrachten, und Chrysost. hatte wohl Recht, dass man sie dann eine πνευματικὴ γυμνασία nennen müsse, und versteht es von den den Leib stärkenden Verordnungen der Pädotriben in den Gymnasien. Eben so erklärt es Ökum. von den gewöhnlichen Übungen der Alten ἡ τὰ σώματα, φησίν, ὑγιαίνειν ποιοῦσα. Eben so Theodoret. und Theophylakt., die ich Ihnen daher nicht erst ausschreibe. Neuerdings will nun die andere Auslegung, als sei es Warnung gegen die anmassliche Enthaltsamkeit der Essener, die Oberhand behalten, und freilich hatten die Väter wohl eine Neigung, jene Übungen nicht für unnütz ausgeben zu lassen, von dem Apostel; allein sie haben doch eine schwer zu überwindende Bundesgenossin an der Grammatik. Ich bin der Väter Meinung, wenn ich mir denke, dass Paulus den Brief geschrieben hat, der ja so vielfältig die alte Gymnastik der Hellenen voraussetzt, und wenn er hier eine andere ausmagernde und schwächende gemeint hätte, sie wohl bestimmter von jener würde unterschieden haben. Auf der andern Seite aber, eben wenn ich mir Paulus als Verfasser denke, würde ich dann eine ausführlichere Beschreibung des γυμνάζειν πρὸς εὐσέβειαν erwarten, um den Gegensatz dadurch zu rechtfertigen, der sonst gar keiner ist, weil ja beides recht gut neben einander bestehen kann. Kurz ich finde für Paulus dies alles zu unbestimmt und selbst zu ausgemagert. Von einer andern Seite merkwürdig ist πρεσβυτέριον. Dies kommt freilich vor vom Synedrion Luk. 22, 66 und Akt. 22, 5, allein nirgends von der Versammlung der Ältesten einer christlichen Gemeine. Auch wäre diese Benennung in der That bedenklich gewesen zu den Zeiten, wo jener Sprachgebrauch noch geläufig war, eben wegen der Analogie. Und wenn man anführt, auch der Name πρεσβύτεροι sei aus der jüdischen Terminologie herüber genommen, so konnte um so weniger der dem Synedrion zukommende Name den Ältesten einer kleinen Gemeinde beigelegt werden. Lukas hatte von denen der Gemeinde zu Ephesus, die Paulus sämtlich zu sich kommen liess, Gelegenheit gehabt, dies Wort zu gebrauchen Akt. 22, 17, er sagt aber bloss τοὺς πρεσβυτέρους, und Paulus selbst Phil. 1, 1 umschreibt lieber σὺν ἐπισκόποις καὶ διακόνοις. Auch widerspricht die Erzählung selbst jener andern 2. Tim. 1, 6, nach welcher Paulus ihm durch Handauflegung das χάρισμα mitgeteilt hatte. Der gute Benson findet es zwar leicht, beides zu vereinigen; nämlich nach Paulus haben auch die Ältesten ihm die Hände aufgelegt, freilich nicht, wie er meint, um ihm den heiligen Geist mitzuteilen, sondern nur um ihre Zustimmung zu erkennen zu geben, und ihm den göttlichen Segen anzuwünschen. Und wirklich kommt es ihm wunderbar zustatten, dass hier μετὰ steht, weil nämlich διὰ unmittelbar vorhergegangen war. Aber wie kommt doch hier Paulus dazu, jener

Ältestenversammlung zu erwähnen, wenn sie zur Erteilung des χάρισμα nichts beigetragen? Oder wenn die Handauflegung gemeinschaftlich gewesen — wie doch späterhin nicht einmal bei der Einsegnung eines Presbyter, Clem. const. 8, 16, wo freilich auch das πρεσβυτέριον vorkommt, aber schon abgesondert vom ἐπίσκοπος und den διακόνοις — warum schreibt er sich dort 2 Tim. 1, 6 die Sache allein zu? Sie sehen, wir kommen hier wieder nicht heraus, wenn der Schreiber beider Briefe einer und derselbe soll gewesen sein.

Doch wir gehen weiter zum fünften Kap., wo wir zuerst ἐπιπλήττειν als ein nicht neutestam. Wort finden; sondern ἐλέγχειν und ἐπιτιμᾶν müssen seine Stelle mit vertreten, denn νουθετεῖν scheint Paulus immer nur in einem gelinderen Sinne zu gebrauchen. — ὄντως V. 3 ist im N. T. überhaupt selten, weil es gar nicht judaisirt, sondern mehr thun dies ἀληθής, ἀληθῶς, ἀληθινός. So aber wie hier durch den Artikel zu einem Adjektiv gemacht, vor einem Substantiv kommt es gar nirgends vor, sondern nur vor einem Partizip in der zweifelhaften Stelle 2 Pet. 2, 18, wo ich es doch fast zu gewagt finde, das ὀλίγως in den Text zu setzen. — ἔκγονα V. 4 kommt im N. T. sonst nicht vor. Über die Unbestimmtheit des Wortes verweise ich Sie nur auf Wetsteins reiche Sammlung aus den Grammatikern. Ganz sicher können wir die Glosse aus Hesychius ἔκγονα, τέκνα τέκνων auf unsere Stelle beziehen. In den LXX kommt das Wort ganz unbestimmt für ἀπόγονοι vor. und das liegt auch hier gewiss zu Grunde, und wenn es eine Witwe bis zu Urenkeln sollte gebracht haben, so wollte unser Verf. diese gewiss mit darunter begriffen wissen. —

ἐπαρκεῖν auch ein sonst nicht neutestam. Wort haben
Sie hier gleich dreimal, V. 10 und V. 16 bis. Aber
freilich in den Makk. werden Ihnen Schleusner und
Biel Stellen genug nachweisen. — ἐπακολουθεῖν, ein
sonst nicht bei Paulus vorkommendes Wort, könnte
scheinen, hier ganz anders zu stehen als bei Mark.
und Petr. Wie gesagt werden kann ἐπακολουθεῖν τῷ
πραττομένῳ Plat. Rep. 2, p. 370 b. der Sache nachgehen,
wie sie selbst zeigt, was geschehen müsse, nach der
Analogie des αὐτὸ δείξει, so auch hier jedem guten
Werke nachgehen. Allein bei unserem glaube ich doch
muss man αὐτοῖς suppliren, den Leidenden mit jedem
guten Werke nachgehen. — περίεργος auch sonst nicht
bei Paulus und überhaupt im N. T. nur einmal das
Neutrum, welches gleichsam als ein Substantiv anzusehen ist, von dem das Adjektiv nur abgeleitet worden.
— Ganz einzig ist οἰκοδεσποτεῖν, wiewohl οἰκοδεσπότης
in den Evangel. häufig genug vorkommt. Von letzterem
Worte ist wohl schwerlich etwas anderes zu halten,
als dass es erst zu der Römer Zeiten recht aufgekommen,
um ihren pater familias nachzubilden. Daher ist es
im Plutarchus, der sogar unser οἰκοδεσποτεῖν hat, nicht
selten. Denn Alexis der Komiker erlaubte es sich
vielleicht wohl nur, wie seine Zunftgenossen sich manches
erlaubten, und Phrynichus tadelt ihn darüber. Auch
Pollux führt ihn, wenn gleich die früheste Autorität,
nur hintennach an, und gewiss ist bei ihm 10, 21
καινότατον die richtige Lesart, und keineswegs im Widerspruch mit dem τεθρυλλημένον. Dass aber οἰκοδεσποτεῖν, wenn
es sich nun einmal aus jenem gebildet hatte, hier von
Weibern gebraucht wird, rechtfertigt sich durch die

οἰκοδέσποινα die Pollux auch anführt, nur dass der Brief der Theano, den der gute Mann dabei vor sich gehabt hat, gewiss unecht gewesen ist. Allein dass Paulus das οἰκοδεσποτεῖν sollte gebraucht haben, ist mir zweifelhaft, weil bei ihm, unerachtet die οἰκία θεοῦ ihm ein so geläufiger Begriff ist, auch der οἰκοδεσπότης nicht vorkommt, und weil er sich Tit. 2, 5 statt unseres Wortes οἰκουρεῖν bedient, obgleich es weniger ausdrückt. — φόβον ἔχειν V. 20 eine schlechte Redensart, im N. T. sonst nicht einheimisch. Wie oft Paulus in verschiedenen Abstufungen φόβος und φοβεῖσθαι gebraucht, wissen Sie, so dass es ihm ordentlich anliegt, die Formen zu wechseln und ihm welche entfallen, die schlecht genug sind; aber dieser hat er sich doch sonst nirgends bedient. — Die ἐκλεκτοὶ ἄγγελοι V. 21 sind ebenfalls ganz einzig. Wenn man wirklich eine eigene Bedeutung für diese Stelle erzwingen will, wie Schleusner: so bleibt es sehr wunderlich, dass der Mann, der so sehr gegen die γενεαλογίας und gegen die unnützen Fragen eifert, nun gar so bestimmte Rangordnungen von Engeln kennen sollte, wie er hier durch den Artikel bezeugen würde. Chrysost. wundert sich auch, allein er und nach ihm Oekum. bringen uns schwerlich weiter. ἐκλεκτῶν δὲ ἀγγέλων εἶπε διότι ἄγγελοι καὶ οἱ δαίμονες ἀλλ' ἀπόβλητοι ist eine schlechte Erklärung, weil die Teufel nie ἄγγελοι schlechthin heissen. Ich dachte dem Manne durch ein καί zu helfen, allein dann würde die Stellung wirklich zu schlecht. Und sonst verstehe ich nichts, wenn nicht der Verf. apokalyptische Engel der Gemeinen im Sinne hat, denn als Ephesier hatte er ja auch seinen Brief in der Apokalypsis. und diese

eben von den sonst paulinischen unterscheiden will.
So wüssten wir auch gleich, worauf das τὸ πνεῦμα ῥητῶς
λέγει zu beziehen wäre. Doch davon vielleicht ein andermal. Jetzt vergleichen Sie nur 2. Tim. 4, 1, und
gestehen Sie, dass. wenn ein Leser der Apokalypsis
diese Stelle vor Augen hatte, von dem Gericht und
der ἐπιφάνεια der Übergang zu der Offenbarung und den
sieben Engeln für ihn nicht schwer war. — πρόκριμα
ist so wenig als πρόκρισις oder προκρίνειν anderwärts im
N. T., welches die Latinismen, denn durch praejudicium
waren diese Wörter wohl sehr üblich geworden, nicht
leicht aufnimmt gegen Hebraismen, und sich also
lieber mit προσωποληψία begnügt. — πρόδηλος steht im
N. T. nur einmal im Brief an die Hebr., so wie auch
unten ἀδηλότης ein ganz fremdes Wort ist. Letzteres
ist dann auch falsch gebraucht. nach dem latein. incertus;
denn es kann nicht unsicher heissen in diesem Sinne,
sondern nur unentschieden. Die Komposition mit προ
ist zwar Paulus äusserst gewöhnlich; allein nach seiner
Weise müsste es dann heissen. was vorher bekannt ist,
und das geht auf keine Weise in den Zusammenhang.
Hierzu kommt, dass Paulus Lieblingswort φανερός ist,
jener ganze Stamm aber ihm ziemlich fremd. —
Lassen Sie sich nun auch aus dem letzten Kap. noch
einiges gefallen. Zuerst ἀντιλαμβάνεσθαι findet sich
sonst nicht bei Paulus, und nur wenige Male bei Lukas
in der gewöhnlichen Bedeutung „zu Hülfe kommen".
Die Auslegung scheint hier ganz davon ausgehen zu
müssen. dass die πιστοί in der letzten Hälfte des Verses
dieselben sind wie die in der ersten. und dass das erste
ὅτι eben so verstanden und bezogen werden muss, wie

das zweite. Die zweiten πιστοί sind also die Herren, und das erste ὅτι geht ebenfalls auf die Herren. Also sind auch die εὐεργεσίας ἀντιλαμβανόμενοι und die ἀγαπητοί, in der Gemeinde beliebten, die Herren. und also ist εὐεργεσίας ἀντιλαμβάνεσθαι eben so zu verstehen wie φιλοσοφίας ἀντιλαμβάνεσθαι, πραγμάτων ἀντιλαμβάνεσθαι, wie denn auch die Alten alle so erklären. — Auch εὐεργεσία kommt im N. T. nur bei Lukas vor. der auch die verwandten Wörter allein hat. Übrigens lässt es sich gar nicht denken. dass εὐεργεσία, wie einige Neuere wollen. sollte von Knechten gegen die Herren können gebraucht werden. — Eben so steht προσέρχεσθαι nur einmal im Brief an die Hebr. in der so häufigen Bedeutung des Bittenden. Was aber προσέρχεσθαι λόγοις heissen soll. sehen Sie selbst zu; denn wenn Sie es auch mit der Redensart προσέρχεσθαι τοῖς κοινοῖς zusammenstellen wollten. wäre es doch hier höchst verkehrt gesprochen — νοσεῖν V. 4 kommt auch sonst nicht vor. und die zierliche Redensart νοσεῖν περί τι sticht gar sehr ab gegen das eben getadelte. — ὑπόνοια wieder einzig hier. Ich weiss aber nicht. warum man von dem Sinne. den das Wort bei den Alten hat. abgehn und mit Chrysost. erklären soll τουτέστι δόξαι καὶ δόγματα πονηρὰ ἀπὸ τῶν ζητήσεων, da sich jener so gut mit φθόνος und ἔρις vereinigt, wenn gleich schwer ist zu sehen, wie dies alles aus dem beschriebenen ἑτεροδιδασκαλεῖν folgt. — Im Folgenden mögen Sie nun lesen παραδιατριβαί oder διαπαρατριβαί, so haben Sie ein im N. T. sonst nicht vorkommendes Wort. In dem ersten müsste παρά die Bedeutung haben daneben vorbei. und so wäre es recht paulinisch zusammengesetzt. Für das andere möchte ich aber doch die Erklärung nicht annehmen, die Sie bei Chrys., Ökum. und Theod. finden, von den sich reibenden und durch Reibung ansteckenden krätzigen Schafen, wobei auch das διά eine so wunderliche Rolle spielt, sondern παρατριβαί in der bei Polyb. gar nicht seltenen Bedeutung Streitigkeit, wobei das διά seine verstärkende verbreitende Kraft bewiese. Vielleicht sind beide Lesarten entstanden aus zwei anderen διατριβαί und παριτριβαί: die erste findet sich noch in einigen Handschriften und von der andern eine Spur in einer Marginal-Lesart δι᾿ ἅ παρατριβαί. Spasshaft werden Ihnen die Klubbs bei Heinrichs vorkommen, die er aus Thophylaktus σχολαί μάται αι gemacht hat. Dabei thut der Mann, als ob er nur in diesem Sinne unsere διαπαρατριβή nicht eben kennte, sie ihm aber sonst häufig genug vorgekommen wäre. Die Glosse des Hesychius scheint verstümmelt zu sein, und ich möchte lesen διαπαρατριβαί· παρατριβῶν ἐνδειεχισμοί in Bezug auf die Glosse παρατριβή· λογομαχία, ἔρις. — πορισμός sonst nirgends im N. T., hier zweimal hinter einander. Paulus macht ähnliche Vorwürfe 2. Kor. 11, Gal. 6 und, worauf wir hier wohl vorzüglich sehen müssen, Tit. 1, 11; aber αἰσχρὸν κέρδος ist gewiss besser dazu als πορισμός. — ἐπιλαβοῦ τῆς αἰωνίου ζωῆς. Paulus braucht ἐπιλαμβάνεσθαι sonst gar nicht, hier kommt es V. 19 gleich noch einmal in derselben Verbindung vor. Wunderlich aber nimmt sich dieser Imperativ aus. Denn soll ζωή αἰώνιος das geistige Leben bedeuten, so musste er dies schon haben; das ewige aber konnte er nur von Gott erwarten. — Wundern Sie sich nicht, dass ich Ihnen nun noch die καλή ὁμολογία bringe, die hier zweimal hinter einander V. 12 und 13 vorkommt. Denn freilich ist ja wohl ὁμολογία und ὁμολογεῖν paulinisch genug; aber diese καλὴ ὁμολογία hat doch ein gar besonderes Ansehn. Theodoretus zwar weiss von nichts weiter und bezieht sie nur auf sein Lehrgeschäft; πάντας γὰρ παρ᾽ αὐτοῦ δεξαμένους τὸ κήρυγμα μάρτυρας εἶχε τῆς καλῆς ὁμολογίας. Allein Ökum. giebt es schon näher ὁμολογίαν μᾶλλον τὴν ἐν τῷ βαπτίσματι λέγει: und gewiss wird jeder unbefangene, zumal sie so genau mit dem ἐκλήθην zusammenhängt, hier eben so an ein bestimmtes Faktum denken, wie gleich unten bei der ὁμολογία χριστοῦ. Und man kann kaum etwas anderes, als ein ausdrücklich abgelegtes Bekenntnis verstehen, es sei nun bei der Taufe vor der Gemeine, oder vor den Feinden, bei irgend einer Verfolgung. Ich kann nicht genug sagen, wie bestimmt mir dies nach einer etwas spätern Zeit schmeckt; und kosten Sie nur recht. Sie werden es gewiss auch so finden. Denn im N. T. ist doch auch nirgends die mindeste Spur von einer ὁμολογία, die sich so besonders herausheben liesse und auf die die Christen zurückverwiesen würden; auch die Stelle Röm. 9, 9. 10 erinnert gar nicht daran, so wenig als irgend bei der Inauguration durch Handauflegung an eine feierliche ὁμολογία gedacht wird. Und nun die καλὴ ὁμολογία, welche Christus freilich nicht ὡμολόγησε, sondern ἐμαρτύρησε, die Theodoretus, vielleicht weil er zum folgenden eilte, wo er es gegen die Arianer hat, wieder so allgemein nimmt καλὴν δὲ ὁμολογίαν τοῦ κυρίου τὴν τῆς οἰκουμένης κέκληκε σωτηρίαν· ὑπὲρ αὐτῆς γὰρ τὸ πάθος ὑπέμεινε. Ähnlich auch Clemens, ἐμαρτύρησε γὰρ δι᾽ ὧν ἔπραττε, ὅτι αὐτός ἐστιν ὁ χριστός. Besser scheint mir eine andere Auslegung bei Ökum. ἐν ᾗ καὶ αἰνιγματωδῶς ὡμολόγησε μέντοι εἶναι θεός. εἰπόντος γὰρ τοῦ Πιλάτου εἰ βασιλεύς ἐστιν, εἶπεν, ἐγὼ εἰς τοῦτο γεγέννημαι u. s. w. Und wahrlich, wo käme auch sonst der Pontius Pilatus her, den ich Ihnen auch als etwas dem Paulus ganz fremdes vorstellen muss. Nicht einmal erwähnt er seiner sonst, so oft er auch von Christi Tode spricht, und hier so ganz vollständig, wie er auch in den Evangelien selten vorkommt. Hier spüre ich eine Zeit, wo dieser Pontius in kirchliche Formeln aufgenommen wurde, eine Zeit, die freilich eine sehr frühe sein kann, vergl. Akt. 4; ja gar Worte einer solchen Formel glaube ich vor mir zu sehen. — ἄσπιλος hat Paulus nicht; allein darauf wäre nichts zu rechnen, da σπίλος Eph. 5, 27 vorkommt, wenn nicht τηρεῖν τὴν ἐντολὴν ἄσπιλον so bestimmt an Jak. 1, 27 erinnerte, wo wir finden τηρεῖν ἑαυτὸν ἄσπιλον. Dieses sehr richtig. Allein was soll jenes heissen? Denn τηρεῖν ἐντολήν, νόμον heisst immer beobachten, wozu ἄσπιλον und ἀνεπίληπτον sich gar nicht schicken; wollen Sie aber diese Worte auf σέ beziehen, so wird das ganze sehr verwirrt. Auch der Singularis ἐντολή kommt wohl, wo nicht eine bestimmte einzelne Vorschrift angegeben ist, nur 2. Petr. 2, 21 vor. — μακάριος und δυνάστης kommen von Gott im N. T. nirgends vor, und für δυνάστης hat Paulus überhaupt keinen Platz gefunden, so oft auch βασιλεύς und ἐξουσίαι und ἄρχοντες bei ihm vorkommen. Aber im 2. Makk. finden Sie mehrere Stellen, wo beides von Gott gesagt wird.

Das wäre das wichtigste. Ich muss aber noch eine kleine Nachlese von Wörtern halten, deren einzelnes Vorkommen weniger bedeutend ist, oder über die wir doch im Zusammenhang noch anderwärts zu reden haben. So die ἐν ὑπεροχῇ ὄντες. Paulus kennt das Substantiv nur in der Formel καθ' ὑπεροχήν, in unserer Bedeutung hat er ἐξουσίαι ὑπερέχουσαι; allein in den Makk. finden Sie ἐν ὑπεροχῇ κείμενοι Ferner αἰδώς, was ausser dem Br. an die Hebräer gar nicht vorkommt. πολυτελής Paulo ganz fremd. ἐπισκοπή nur noch Akt. 1, 20 zu finden, wo auch die Zeit des Übersetzers sich mehr ausgedrückt hat, als das gesprochene selbst. μετάληψις nirgends weiter, und bei Paulo auch nicht μεταλαμβάνειν. Er drückt den Begriff durch κοινωνεῖν, μετέχειν aus, wie er auch μετοχή hat. βραδύνω ausser 2. Petr. nirgends im N. T., und ἐπέχειν in der Bedeutung, die es hier Kap. 4 16 haben muss, ganz einzig, ἀμοιβή im N. T. sonst gar nicht. ἀνταπόδοσις, ἀνταπόδομα, ἀτιμωσύα sind paulinische Wörter. Eben so ist μονοῦσθαι einzig, und σπαταλᾶν wenigstens nicht bei Paulus, sondern Jakobus und Sirach sind die nächstliegenden Beispiele. Dann noch καταλέγεσθαι und ξενοδοχεῖν und das leidige καταστρηνιᾶν, auch φλύαρος: nur Johannes hat φλυαρεῖν. Ferner ὑδροποτεῖν und πυκνός, das wenigstens bei Paulus nicht vorkommt, und διατροφή und σκέπασμα und βυθίζειν, welches letztere Lukas einmal, aber im eigentlichen Sinne gebraucht, und πρόσκλισις, oder, wenn Sie auch so wollen, πρόσκλησις, und περιπείρειν und ἀπόλαυσις, das nur einmal im Brief an die Hebr. vorkommt, und wofür Paulus wohl καρπός sagt, dann εὐμετάδοτος und κοινωνικός und ἀγαθοεργεῖν und ἀντίθεσις und ψευδώνυμος, so wie früher das ähnliche ψευδολόγος Aus manchem der letzteren wie gesagt möchte ich einzeln nicht viel beweisen, aber sie thun doch etwas in der Masse.

Doch ich erstaune, indem ich sehe, wie lange diese Übersicht, die nur vorläufig sein sollte, uns verweilt hat, und ich sollte mich wohl lieber mancher gelegentlichen Bemerkung enthalten haben, um nur das, was ich eigentlich beabsichtigte, näher zusammenzustellen. Indess Verdacht muss es Ihnen doch eingeflösst haben, bei einem Schriftsteller, dessen Sprachschatz bekanntlich so sehr beschränkt ist, und in einem Aufsatz, der, wenn er ihm ja zugeschrieben werden sollte, nur als ein höchst flüchtig hingeworfener müsste angesehen werden, diese vielen, zum Teil an die Stelle gewohnter Lieblingsausdrücke tretenden ganz fremden Wörter, die man ordentlich als ein Streben nach Neuheit in der Sprache ansehen müsste, und dieses doch wieder armselig und sich oft wiederholend, recht wie es von einem Zusammenstoppler, der alles nur aus wenigen sparsamen Quellen nimmt, zu erwarten ist. Dazu noch der unklare Gebrauch so mancher unter diesen Wörtern, wobei der Zweck der Rede, sich deutlich zu machen, nicht erreicht wird, wie es auch beim Entlehnen zu gehen pflegt; nicht zu vergessen die Spuren einer etwas späteren Zeit, als die erste apostolische. Doch das wird alles noch deutlicher werden, wenn wir nun zur Vergleichung unseres Briefes gehen mit den beiden verwandten, dem an den Titus und dem zweiten an den Timotheus, wie sie nun eben verwandt sind. Denn wenn wir nun hierdurch neben jener Masse von ausschliessend eigentümlichen Wörtern in der Sprache Ähnlichkeiten und Übereinstimmungen finden, die sich bis zum Scheine der Kopie und des Plagiats steigern, und wenn uns dieser Schein zur unleugbaren Wahrheit wird. dadurch dass sich Missverständnisse aufzeigen lassen, und Schwierigkeiten, die nur erklärt werden können, wenn man eine Übertragung aus einem Briefe in den andern annimmt: dann hoffe ich, werden Sie mir wenig mehr entgegenzusetzen haben.

Schon der Anfang zeigt eine merkwürdige Ähnlichkeit mit dem Briefe an den Titus. Nämlich der Ausdruck θεὸς σωτήρ kommt, wiewohl Paulus allerdings auch sonst Gott das σώζειν zuschreibt, wie 1 Kor. 1, 21 und 2 Tim. 1, 9, doch nirgends vor als im Briefe an den Titus öfters, aber immer in bestimmter Beziehung auf die σωτηρία durch Christum. In dem Grusse ist vorher von der Offenbarung des ursprünglichen erlösenden Ratschlusses die Rede gewesen, und Kap. 3. 4 steht es in derselben Beziehung wie im Gruss, daher auch beide Male Christus als σωτήρ unmittelbar folgt. Kap. 2, 10 ist doch die Anspielung offenbar, dass die Knechte auch der durch die Erlösung erlangten inneren Freiheit gemäss leben sollen. In unserem Briefe hingegen steht der Ausdruck ganz trocken für sich. Dies leidet in dem Grusse keine Änderung, welche von den verschiedenen Lesearten Sie auch annehmen mögen, ausgenommen die ganz unwahrscheinliche Löschung des καί. Eben so wenig Bedeutung hat er in einer anderen Stelle Kap 4. 10. In der dritten Kap. 2, 3 kommt freilich die Erlösung nach, allein so ganz ohne Zusammenhang mit dem vorigen, dass man weit eher glauben kann, der Ausdruck θεὸς σωτήρ habe den Verfasser erst darauf gebracht, das folgende zu sagen, als jener seltene Ausdruck sei durch den Zusammenhang der Gedanken natürlich herbeigeführt. Doch kehren wir zu unserem Gruss zurück, so finden Sie da noch γνησίω τέκνω ἐν πίστει wie Tit. 1, 4 γνησίω τέκνω κατὰ κοινὴν πίστιν, und das ἔλεος was nur in unseren drei Briefen vorkommt. Ja, wie wollen Sie besser erklären, weshalb doch dies Eine Mal ἀπόστολος κατ' ἐπιταγὴν θεοῦ steht und nicht wie immer διὰ θελήματος, wiewohl sich letzteres zu der in unserm Briefe herrschenden überaus demütigen Stimmung besser schickte, als dass unser Mann den Brief an den Titus vor Augen gehabt hat, wo in einem andern Zusammenhange, aber doch auch innerhalb des Grusses vorkommt κατ' ἐπιταγὴν τοῦ σωτῆρος ἡμῶν θεοῦ, und dass er eben alles so zusammengezogen hat in der Kürze. Nehmen Sie nun noch dazu die auffallende Ähnlichkeit in dem Anfang des eigentlichen Briefes, den er freilich nach dem, was er von Paulus Aufenthalt in Ephesus wusste, etwas abändern musste, so haben Sie schon gleich anfangs ein schönes Beispiel von der Art von Ähnlichkeiten, die sich hier finden. — Das Wort μῦθος kommt auch nur noch 2. Tim. und Tit. vor. Im ersten Kap. 4, 4 ist es geradezu der ἀλήθεια entgegengesetzt, als Produkt derer, welche einem verderbten Geschlechte lehrend zugleich die Ohren kitzeln wollen, und ist in dem Grade von Bestimmtheit, welchen ein prophetischer Ausspruch haben kann, leicht zu verstehen. Tit. 1, 14 kommt es vor mit demselben Zeitwort προσέχειν wie hier, aber mit dem Beisatz ἰουδαϊκοῖς, und in solcher Verbindung mit den ἐντολαῖς ἀνθρώπων, dass niemand über den Sinn zweifelhaft sein kann. Das προσέχειν hat dort seinen guten und leichten Sinn. Nicht darauf achten, wenn die V. 11 beschriebenen dergleichen vorbringen — denn nur, wie Titus mit den verführbaren, nicht mit den Verführern selbst umgehen solle, wird hier gelehrt, wie man deutlich aus den letzten Worten von V. 14 sieht, wo man sonst noch Verführer der Verführer annehmen müsste. In diese Verlegenheit kommen wir aber bei unserer Stelle auf jeden Fall, wenn wir das προσέχειν so verstehen wollen, wie es doch auch unser Verf. unten Kap. 4, 1 hat, ein Wort, welches auch, so viel ich mich erinnere, ausser Tit. 1. 14 im Paulus sonst nicht, hier aber mehrere Male vorkommt. Und in unserer Stelle wird es noch dunkler dadurch dass es auf die μύθοις und die γενεαλογίας zugleich und auf gleiche Weise soll bezogen werden. Auch sind die μύθοι durch nichts bestimmt, als durch das Zusammensein mit diesen eben so schwierigen γενεαλογίαις, die doch selbst nicht einmal als etwas dem Christentume zuwiderlaufendes, sondern nur als etwas unnützes und verfängliches dargestellt werden. Dennoch muss man schliessen, dass die μύθοι nichts schlimmeres sind, weil sonst dem grösseren Übel der warnende Zusatz würde gewidmet worden sein. Also γραώδεις konnten diese μύθοι wohl sein, wie sie Kap. 4, 7 heissen — denn es werden doch dort nicht wieder andere sein sollen? — aber auch zugleich βέβηλοι? Schwerlich! denn dass dies unserm Verf. unheilig bedeutet nicht blos im verneinenden, sondern im entgegengesetzten Sinne, sieht man deutlich genug aus Kap. 1, 9. Also sind auch die μύθοι schwerlich nach Ökum. τὰ παραπεποιημένα δόγματα, noch auch nach Theodoret — den der Schol., welchen Heinrichs zitirt, nur abgeschrieben hat — die καλουμένη δευτέρωσις, sonst auch παραδόσεις, denn gegen diese ereifert sich Paulus überall stärker. Jene γενεαλογίαι selbst nun sind abermals nur Tit. 3, 9 und sonst nirgends im N. T. zu finden. Dort aber sind sie durch den Zusammenhang so bestimmt, dass es niemandem auch nur einfallen könnte, an Abstammung gnostischer Äonen zu denken, sondern die ἔρεις und μάχαι νομικαί dabei zeigen deutlich, es kann nichts anders gemeint sein, als die Beweisführungen echt altjüdischer Abkunft und der eitle Stolz darauf. In unserer Stelle hingegen giebt der Zusammenhang keine nähere Bestimmung an die Hand. als nur, dass, wenn etwa unsere Worte eine Erklärung des vorigen ἑτεροδιδασκαλεῖν und kein Zusatz dazu sind, alsdann jüdische Genealogien nicht gemeint sein können, weil die doch keine ἑτεροδιδασκαλία sind. Chrysost. erklärt freilich auch hier so, Εἰκὸς γὰρ τοὺς ἐξ Ἰουδαίων ἐν τοῖς ἀνονήτοις τὸν πάντα λόγον ἀναλίσκειν, παππους καὶ προπάππους ἀριθμοῦντας, ἵνα δῆθεν ἐμπειρίας πολλῆς καὶ ἱστορίας δόξαν ἔχωσι. Allein bald darauf wird ihm wieder das Zusammensein beider Worte beschwerlich, und er sagt, Οἶμαι δὲ καὶ Ἕλληνας αὐτὸν ἐνταῦθα αἰνίττεσθαι, ὅταν λέγῃ μύθοις καὶ γενεαλογίαις, ὡς τοὺς θεοὺς αὐτῶν καταλέγοντων. Von den Essenern soll wohl noch jemand beweisen, dass ihre Engelverehrung mit solchen γενεαλογίαις verbunden gewesen, was bis jetzt eine blosse Vermutung ist meines Wissens und gar nicht eine wahrscheinliche. Die Gnostiker, die man hier gesucht hat, erwähne ich nicht erst; denn es ist zu einleuchtend, dass Paulus wenigstens ernstlicher gegen sie geredet haben würde, als diese beiläufige Erwähnung thut. Von einem von beiden Worten loszukommen, indem man etwa γενεαλογίας μυθώδεις erklärt. wie Heinrichs annimmt, ist freilich bequem. Allein wer sich irgend die

Entstehung einer solchen Form des Ausdrucks denken will, der wird es unmöglich finden, dass alsdann das charakterisierende Wort voranstehe. Wenn der eigentliche Gegenstand genannt ist, dann kann etwas von ihm auszusagendes allenfalls auch auf diese Weise durch blosse Hinzufügung in substantiver Form nachgebracht werden, und so könnte einer sagen γενεαλογίαις καὶ μύθοις, gleichsam Geschlechtsregister und andere Fabeleien, ohne dass er bestimmt andere im Sinne hätte. Wer aber vor dem Subjekt das Prädikat unter der Form des allgemeinen, wozu dann das Subjekt ein besonderes wird, voranstellte, der müsste eine andere Wendung nehmen, um dieses besondere auszuzeichnen, wie etwa μύθοις, μάλιστα δὲ γενεαλογίαις. Sie werden diesen Kanon gewiss natürlich und richtig finden, und Not thut es, einen aufzustellen, denn gar zu arges Unwesen wird mit Voraussetzung dieser Form des Ausdrucks getrieben. Doch zu unserer Stelle zurück, und ich frage Sie, warum es doch Paulus nicht hier eben so gut wie an jenen beiden Stellen verstanden hat, sich deutlich zu machen, welches oder welche Übel er eigentlich im Auge hat? Es ist schwer zu begreifen; sehr leicht aber, wenn ein anderer jene beiden Worte aus den Verbindungen, durch welche sie hinlänglich bestimmt waren, herausgerissen, und hier auf eine üble Weise zusammengestellt hat. Dass es sich wirklich so verhält, wird Ihnen noch deutlicher werden aus dem nachbarlichen Worte ζήτησις. Dieses Wort, dessen sich Paulus ausser unseren drei Briefen nirgends bedient, steht Tit. 3, 9 auch bei γενεαλογίαι, aber nicht als etwas durch diese hervorgebrachtes, sondern als etwas anderes auch zu vermeidendes. 2. Tim. 2, 23 stehn ζητήσεις in einem ursächlicheen Verhältnis. sie erzeugen μάχας: hier werden sie von den γενεαλογίαις erzeugt. Wie leicht erklärt sich nun dies sonst nicht zu verstehende aus einem ungeschickten Znsammenwerfen beider Stellen! Bemerken Sie aber noch einen bedeutenden Unterschied. In unserer Stelle ist es ein Tadel, dass etwas ζητήσεις, was doch immer nur Untersuchungen heissen kann, veranlasst. Den guten Vätern gefällt dies. Chrysost. *Εἶδες πῶς διαβάλλει τὴν ζήτησιν: ἔνθα γὰρ πίστις, οὐ χρεία ζιτήσεως.* Ökum. legt eben so aus; aber die Rechtfertigung, im Vergleich mit dem Ausspruch Christi ζητεῖτε καὶ εὑρήσετε, nämlich, *ὅτι ἡ ζήτησις τῶν μέσων ἐστίν*, gerät ihm schlecht; denn eben dann war ja ein unterscheidender Zusatz unentbehrlich. Wollte man sagen, an und für sich sei jede ζήτησις zu tadeln. wenn eine μάχη daraus wird. so ist das zuerst nur tadelhaft. in wie fern der Gegenstand der Disputation geringfügig ist, besonders aber lässt sich nicht einsehen, wie irgend γενεαλογίαι dergleichen hervorbringen könnten. Paulinisch ist der Gebrauch gewiss nicht. Denn in beiden anderen Stellen finden Sie verdammende Zusätze dabei. μωρὰς ζητήσεις, μωρὰς καὶ ἀπαιδεύτους ζητήσεις. — ἀστοχεῖν findet sich in unserem Briefe zweimal Kap. 1, 6 und 6. 21. ausserdem nur noch 2 Tim. 2, 18. In letzterer Stelle ist es mit περί konstruiert; unstreitig nicht ganz richtig. Denn ἀστοχεῖν scheint seiner Natur nach ganz dem στοχάζεσθαι folgen zu müssen, welches konstant mit dem Genitiv konstruiert wird, und anders findet sich auch ἀστοχεῖν nicht bei den Alten; es heisst irgend etwas als seines Zieles verfehlen. Paulus aber hat es genommen, seines Zieles verfehlen in Bezug auf irgend etwas, welches er also durch περί mit dem Zeitwort verbindet. Konstruiert ist in unserem Briefe das eine Mal richtig mit dem Genitiv, das andere Mal nach Paulus mit περί, und offenbar ist das περὶ τὴν πίστιν ἠστόχησαν ganz dem περὶ τὴν ἀλήθειαν ἠστόχησαν nachgebildet. Allein die Bedeutung ist unstreitig ganz dieselbe wie Kap. 1, 19 περὶ τὴν πίστιν ἐναυάγησαν, also gänzlich verfehlt. Denn offenbar ist auch dort von verführten Christen die Rede, von denen man also nicht sagen kann, dass sie zum Glauben gar nicht gelangt wären. Ganz unklar ist sie auch in unserer Stelle Kap. 1. 6. Zu welchem guten Gewissen, reinen Herzen einige nicht haben gelangen können und deshalb ἐξετράπησαν εἰς ματαιολογίαν· offenbar streift es auch hier an das Wiederverlieren. Diese falsche Bedeutung scheint auch aus den Apokryphen entlehnt; Sir. 7, 19 finden Sie Μὴ ἀστόχει γυναικὸς σοφῆς καὶ ἀγαθῆς, weshalb ich jedoch nicht mit Schleusner sagen möchte. ἀστοχεῖν heisse auch simpliciter discedere, Sir. 8. 9 Μὴ ἀστόχει διηγήματος γερόντων. Mir ist deshalb in dem περί die Nachbildung jener paulinischen Stelle nur um so deutlicher. — ἐκτρέπομαι kommt, wenn Sie eine Stelle im Briefe an die Hebr. ausnehmen, wo aber die Bedeutung ganz abweicht, ausser unserem Briefe nur noch 2 Tim. 4, 4 vor. Es heist von dem bisher betretenen Wege abschweifen, entweder unbestimmt, also umherschweifen, oder mit Beisetzung des Wohin. So braucht es Paulus dort ἐπὶ δὲ τοὺς μύθους ἐκτραπήσονται. Eben so in unserer nächsten Stelle ἐξετράπησαν εἰς ματαιολογίαν und fast eben so 5, 15 ἐξετράπησαν ὀπίσω τοῦ Σατανᾶ Ganz anders aber 6, 20 ἐκτρεπόμενος τὰς βεβήλους κενοφωνίας in der Bedeutung vermeiden, die freilich Schleusner aus Älian und Epiktet. enchir 31, 4 für diese Zeit rechtfertigt. Allein an beiden Orten heisst es aus dem Wege gehn, in natürlicher Ableitung von der ursprünglichen Bedeutung. die aber hier nicht stattfindet. Paulus ist übrigens im letzteren Sinne so an φεύγειν gewöhnt, dass nicht zu glauben ist, er werde sich jenes Wortes auf so verschiedene Weise bedient haben. — διαβεβαιοῦσϑαι kommt auch nur noch Tit. 3, 8 vor. Es heisst, beständig mit περί konstruiert, wie in beiden Stellen, Versicherung, Bekräftigung über etwas ausstellen. rein für sich, ohne Bezug auf jemand, dem sie ausgestellt würde; daher ganz verkehrt ist, was Heinrichs daraus supplieren will βούλομαί σε διαβεβαιοῦσϑαι τοὺς ἀκούοντάς σε. Das Wort hat seinen Gebrauch nicht in bezug auf jemand, sondern wo im Gegensatz entweder oder wenigstens nachdrucksweise von der Festigkeit der Überzeugung oder der Stärke der Versicherung die Rede ist. So ist es auch in jener Stelle: und darüber will ich, dass du immer aufs neue Bekräftigung, Beweise von dir gebest, damit sie darauf denken u. s. w. Wie ungehörig und schlecht steht es aber in unserem Briefe Kap. 1. V. 7: Sie wissen nicht, was sie reden, noch was sie für so gewiss ausgeben. Gewiss niemand kann absehen, wie der Verfasser auf diesen letzten Zusatz kommt. Kein Wunder also, dass ein Kommentator wie Heinrichs sich eben so ungehörig darüber vernehmen lässt. Besonders ist die letzte Erklärung schön, und bedenken nicht, von was für wichtigen Dingen sie sich statt dessen zu überzeugen hätten. Hier ist alles falsch, und es ist nichts darüber zu sagen.

Chrysostomus geht gern über die wunderliche Stelle weg. Ökum. sucht sein Heil in dem νοοῦντες und übersetzt dies: Sie verstehen selbst das nicht, was sie vortragen und so bekräftigen. nämlich das Gesetz; allein auch das ist gegen den Sprachgebrauch. Indes was soll man besseres sagen — zumal schon die νομοδιδάσκαλοι so wunderlich sind, dass es schwer ist, eines durch das andere zu bestimmen — als dass unser Mann, vielleicht ohne ihn recht verstanden zu haben, doch jenen seltenen Ausdruck anbringen wollte. — Ähnliche Bewandtnis hat es mit dem ὑγιαίνειν, welches Tit. und 2. Tim. überall zweckmässig den Verirrungen der Gläubigen, welche als Krankheiten können angesehen werden, entgegensteht, und immer von der Lehre. Denn offenbar ist Tit. 2, 1 noch zu dem vorigen zu ziehen, wie auch Theodoret erklärt, und erst mit V. 2 geht etwas neues an, wo zuerst der Infinitiv als Imperativ zu stehen scheint, hernach aber alles unter dem Imperativ παρακάλει zusammengenommen wird. Dies hat unser Verf. übersehen und bringt uns hier, so dass jene Beziehung gänzlich verwischt ist, die ὑγιαίνουσα διδασκαλία aus jener Stelle in solcher Verbindung wieder, dass sie fast nur eine gesunde Moral im gemeinen Sinne bedeuten kann. Eben so ungeschickt hat er 2. Tim. 1, 13 nachgeahmt in der schon getadelten schlechten Redensart εἴ τις μὴ προσέρχεται ὑγιαίνουσι λόγοις τοῖς τοῦ κυρίου. — Nur in der eben angeführten Stelle aus 2. Tim. haben Sie auch die ὑποτύπωσις, die hier V. 16 wiederkommt. Dort nun ganz ordentlich als Entwurf, Grundriss zur weitern Ausführung; wie verkehrt es aber hier genommen ist, mag ein anderer herausbringen. Bleiben

Sie bei dem natürlichen Gebiete des Wortes stehen, so mögen Sie sich mit den härtesten Ellipsen quälen, Sie kommen zu keinem reinen, der Stelle recht angemessenen Sinn; und wiederum wollen Sie davon ausgehen, was in dieser Stelle müsse gesagt sein. so werden Sie sich vergeblich nach einer Analogie umsehen, für einen solchen Gebrauch jenes Wortes. Merkwürdig ist es zu vergleichen, wie zu jener Stelle die alten Erklärer sich gern dabei verweilen, die ursprüngliche Bedeutung von ὑποτύπωσις zu einem Gleichnis auszuspinnen — Sie können dies, wie ihnen Chrys., Theodor. und Theophyl. nicht zur Hand sind, in Suic. thes. nachsehen — und wie sie dagegen zu unserem Briefe teils sich winden, andere Worte an die Stelle des schlechtgebrauchten zu setzen, wie bei Ökum., teils wie Theodoret weitere Umschreibungen machen, aus denen aber über die bestimmte Geltung des Wortes nichts hervorgeht. — κῆρυξ kommt bei Paulus nur noch 2. Tim. 1, 11 vor, aus welcher Stelle die unsrige Kap. 2, 7 bis auf die Parenthese ganz wörtlich abgeschrieben ist. Allein wie anders dort, wo man offenbar sieht, dieser Anhang V. 11 zu der grossen Periode V. 8—10 ist nur Übergang zu dem πάσχειν und ἐπαισχύνεσθαι V. 12, worin eben Paulus sich dem Timoth. als Vorbild darstellt, und nur weil ihm der Atem schon ausgegangen war, bildet er einen eignen Satz daraus. Bei uns hingegen bricht nach V. 7 alles ab, und etwas ganz neues geht an. so dass man unmöglich anders sagen kann, als Paulus habe dem Timotheus, der schon mehrere Jahre sein Gefährte war, oder wenn man das lieber will, durch ihn den ephesischen Christen, unter denen er so lange gelebt hatte, ganz eigens ohne alle weitere Beziehung erzählt, er sei Apostel und Heidenlehrer. Können Sie sich das lieber denken oder lieber die unverständige Übertragung jener Stelle? Und nun noch die schöne Parenthese, die aus Röm. 9, 1 abgeschrieben ist, denn sonst kommt die Formel nirgends vor. Dort freilich war eine solche Beteurung des Apostels an eine mit ihm unbekannte Gemeine von seiner Liebe zu seinem Volke, nachdem er gegen die herrschende Denkungsart desselben so viel gestritten, sehr an ihrer Stelle. Hier aber eine Beteurung, dass er wirklich Apostel und Heidenlehrer sei, an einen treuen Schüler, oder an eine Gemeine, in der wir gar keine Ursache haben, solche Verhältnisse zu vermuten wie zu Korinthus? Sehen Sie nur, wenn er etwas gegen diese beteuert, ob es je so zwecklos geschieht: 2. Kor. 1, 23, wo offenbar ist, es war über das Verzögern seiner Ankunft ungleich geurteilt worden: 11, 11, wo er einen andern wohlgemeinten Vorwurf von sich abwälzt; ebend. 31, wo unstreitig das folgende Berichtigung einer falsch erzählten Anekdote ist. Wozu aber hier? Gewiss, auch Sie wird niemand überreden können, Paulus habe dies geschrieben.

Gehen wir nun zu der Beschreibung des Bischofs Kap. III, so finden wir auch da vieles bloss aus dem Briefe an den Titus, aber eben auch nicht mit rechtem Verstande, herübergenommmen. Denn dort zum Beispiel steht nicht wie hier $\nu\eta\varphi\acute{a}\lambda\iota o s$ und $\mu\grave{\eta}$ $\pi\acute{a}\varrho o\iota\nu o s$ neben einander, und so auch $\mu\grave{\eta}$ $\pi\lambda\acute{\eta}\varkappa\tau\eta s$ und $\check{a}\mu a\chi o s$. Letzteres, über dessen aktiven Sinn wir hier nichts sagen wollen, ist Tit. 3, 2 aus der Beschreibung der Christen überhaupt, wie das νηφάλιος aus Tit. 2, 2, wo von den Alten die Rede ist, genommen. Aber sollte Paulus es wohl so unbestimmt wie hier von dem Lehrer fordern, der doch soll ἀποτόμως ἐλέγχειν τοὺς ἀντιλέγοντας? Die σεμνότης ist Tit. 2, 7 als Eigenschaft des Lehrers sehr wohl angebracht, hier 1. Tim. 3, 4 bleibt die Beziehung immer etwas unklar, wie das Wort auch oben 2, 2 fast müssig stand. — Die Redensart ἐν καθαρᾷ συνειδήσει V. 9 ist auch nur 2. Tim. 1, 3 zu finden; aber so verständlich dieses ist, λατρεύειν θεῷ ἐν καθαρᾷ συνειδήσει, so schwierig ist dieses τὸ μυστήριον τῆς πίστεως ἔχειν ἐν καθαρᾷ συνειδήσει. Mit Theodoret ἀντὶ τοῦ τοῖς ἔργοις βεβαιοῦντας πίστιν werden Sie wohl eben so wenig zufrieden sein wie ich; die ἔργα ἀγαθὰ sind gar weit her abgeleitet und ἔχειν ἔν τινι mag wohl auch seines gleichen nicht haben in dieser Bedeutung. Es ist freilich leicht gesagt ἔχειν heisse κατέχειν, aber es hilft hier nicht einmal viel, und genau genommen ist es auch oben 1, 19 nicht so. Und wie käme wohl hierher μυστήριον τῆς πίστεως statt des einfachen πίστις? Sie sehen, wie alt diese schlechten Freiheiten in der Auslegung sind, durch welche denn auch Schwierigkeiten, deren Beherzigung zu etwas führen könnte, beseitigt werden. Zu einer solchen Umschreibung muss doch immer eine Veranlassung sein im Zusammenhange, wenn das Christentum oder etwas besonderes in ihm in dieser Beziehung betrachtet wird als etwas neues, vielen verborgenes, und so finden Sie es gewiss überall, wo es auch noch so allgemein steht, Eph. 1, 9. 3, 3 und 4, 19 in Verbindung mit γνωρίσαι, 1. Kor. 2, 7 σοφίαν θεοῦ λαλοῦμεν ἐν μυστηρίῳ τὴν ἀποκεκρυμμένην; dasselbe liegt 4, 1 in οἰκονόμος. — Kol. 1, 26. 27 mit ἐφανερώθη und γνωρίσαι; 2, 2 mit θησαυροί ἀπόκρυφοι; 4, 3 mit θύραν ἀνοίγειν In unserer Stelle aber ist keine Spur einer solchen Beziehung, sondern man kann nur glauben, eine aufgegriffene Redensart zu hören. — V. 11 wo. von welchen Weibern wissen wir wohl nicht, die Rede ist, haben Sie wieder das μὴ διαβόλους aus Tit. 2, 3, wo von alten Frauen gesprochen wird; denn nirgend sonst kommt διάβολος adjektivisch im N. T. vor.

Sobald nun diese aus dem Briefe an Tit. entlehnte Materie beendigt ist, nehmen am Ende des dritten und im vierten Kap. auch die Worte ein Ende, die nur jenem Briefe und dem unserigen gemein sind, und die dem letzten ganz eigentümlichen nehmen wieder überhand, nur von wenigen Reminiszenzen vorzüglich aus 2. Tim. unterbrochen. So kommt uns Kap. 4. 6 παρηκολούθηκα entgegen aus 2. Tim. 3. 10, wo es in einer ähnlichen Verbindung mit διδασκαλία steht, nur dort weit natürlicher, weil einer genannt wird. dessen Lehre er gefolgt ist: hier wird es von der Lehre selbst, da es nicht heissen kann sie beobachten, weit uneigentlicher gesagt. Eben so V. 7 das βέβηλος, worüber wir uns schon gewundert haben, aus 2. Tim. 2, 16. Nun scheint es freilich, als wenn γραώδεις μῦθοι eben so gut könnten βέβηλοι sein als κενοφωνίαι; allein hier hellt uns der Zusammenhang deutlich genug auf, dass κενοφωνίαι keinesweges leeres Gewäsch, λογομαχίαι an sich, sind, sondern solches, welches vorgebracht wird, um eine schlechte Sache zu verteidigen, wie aus V. 18 hervorgeht. Noch einmal wiederholt unser Verf. geradezu diese βεβήλους κενοφωνίας Kap. 4, 20; nur das περίιστασο scheint ihm nicht angestanden zu haben, indem er das eine Mal ἐπτρεπόμενος sagt, das andere Mal παραίτου, welches letztere hier imitiert erscheint aus 2. Tim. 2, 23, so wie unten Kap. 5, 11, wo der Verf. sich wieder bei kirchlichen Einrichtungen befindet aus Tit. 3, 10. — Dasselbe gilt von der Formel πιστὸς ὁ λόγος. Nur sehen Sie, wie natürlich es 2. Tim. 2, 11 herauskommt, dass Paulus seine Zuversicht zu den göttlichen Verheissungen recht kräftig ausdrückt, sich selbst damit stärkend in seinen Leiden. Eben so bedeutend beschliesst sie Tit. 3, 8 die praktische Auseinandersetzung der Lehre von der Erlösung, und steht sehr nachdrucksvoll zusammen mit dem περὶ τούτων βούλομαί σε διαβεβαιοῦσθαι. Hier hingegen Kap. 4, 9 steht sie äusserst lahm, da das vorhergehende selbst nur beiläufig als Gegensatz gegen die σωματικὴ γυμνασία erwähnt wurde, und wenn wir weiter zurückgehen, von einem Gebot die Rede war, auf welches sich also das πιστὸς ὁ λόγος gar nicht anwenden lässt. Nicht bedeutender fängt sie Kap. 1, 15 etwas an, was nicht fortgesetzt wird.

Ich übergehe ein par minder wichtige Stellen, um auf etwas zu kommen, was ich, damit das die Sprache selbst betreffende nicht unterbrochen würde, noch aufbewahrt habe, nämlich Kap. 1, 20 die beiden Ὑμέναιος καὶ Ἀλέξανδρος, von welchen gesagt wird, dass Paulus sie dem Satan übergeben habe. Man könnte fragen, ob er hier dem Timotheus etwas schon früher geschehenes berichte, oder ob diese Übergabe eben hierdurch erst erfolge, in welchem Falle die Leichtigkeit und die wenige Förmlichkeit, mit der diese Sache hier behandelt wird, sehr abstäche gegen das, was wir 1. Kor. 5, V. 3—5 lesen. Im ersten Falle aber könnte man weiter fragen, ob Paulus dem Timotheus etwas, was er noch in Ephesus selbst gethan, erzählt, und zwar ohne weiteres, ohne nur im geringsten nach der Wirkung davon zu fragen, oder sich auf den Zustand einer Gemeine, in welcher ein solches Verfahren nötig war, näher einzulassen; abermals ganz anders als der Paulus, der die Briefe an die Korinther verfasst hat. Oder ob, wie Benson Gesch. d. Pflanz. d. christl. Rel. II, 190 und Paraphr. Erkl. I, 292 meint, Paulus sich erst unterwegs bedacht und dort diese Verbannung erlassen hat? Aber dann wäre es wunderbar, dass er so kurz von der Sache spricht, ohne im mindesten dem zurückgelassenen Oberaufseher und Anordner derselben Gemeine etwas von seinen Gründen, oder von dem, was weiter der Sache wegen zu thun sei, irgend ins einzelne gehend zu sagen. Allein beide Namen kommen ebenfalls 2. Tim. vor; Hymenäus Kap. 2, 17 mit Philetos zusammen, als solche, die gesagt, die Auferstehung sei bereits erfolgt, und Alexandrus Kap. 4. 14 nicht eben als Irrlehrer, sondern nur im allgemeinen als ein Widersacher des Apostels. Und nun sehen Sie nur. welche Wunderlichkeiten wir hiedurch genötiget werden anzunehmen! Entweder sind beide Personen in beiden Briefen dieselbigen; dann lässt sich gar nicht begreifen, wie derselbe Hymenäus, den Paulus schon auf der Reise nach Macedonien dem Satan übergeben hatte, mehrere Jahre später noch ein Gegenstand der Warnung sein konnte, und offenbar als ein Christ, aber als ein irrender, beschrieben wird, den Paulus jedoch seines Irrtums wegen nicht aus der Kirche zu verbannen wagt, sondern ihn dem Urteil und der Führung Gottes überlässt. Denn anders können Sie doch gewiss 2. Tim. 2, 19—21 nicht verstehen? Hatte sich also der Mann aus dem allgemeinen Schiffbruch des Glaubens, über den 1. Tim. 1, 20 geklagt wird, gerettet, und erst nach seiner gewiss nicht ohne Paulus erfolgten Wiederaufnahme einen bestimmten Irrtum ausgebildet? und Paulus sollte ihn nicht als einen rückfälligen beschreiben. und nicht über die gemissbrauchte Nachsicht und die getäuschte Hoffnung klagen? Wahrlich unmöglich ist das auch nur zu denken! Und eben so der Alexandrus, der nach seiner Verbannung — denn so rachsüchtig dürfen wir Paulus nicht denken, dass er ihm noch für das frühere ausser jener Übergabe an den Satan besondere göttliche Strafen wünschte — müsste fortgefahren haben, dem Apostel viel Böses zu thun, man weiss nicht, ob ihm nachreisend, oder indem er ihm bei der Gemeine zu Ephesus schadete, wovon sich aber nirgends Spuren finden, von dem sollte er ebenfalls des früheren nicht erwähnt und geklagt haben, dass der Mann Übelthaten auf Übelthaten häufte? Und so ganz stillschweigend sollte er diesen merkwürdigen Umstand übergangen haben, der bei gar vielen dem apostolischen Ansehen schädlich sein musste, dass ein dem Satan übergebener sich an dem strafenden Apostel durch gar viel zugefügtes Böses rächen konnte? er, der so eifrig sein apostolisches Ansehen zu verfechten pflegt? Gewiss eben so unmöglich! und die Identität der Personen, die Grotius sehr obenhin annimmt, ist schwerlich anders mit der Echtheit beider Briefe zu vereinigen, als wenn Sie die Ordnung beider umkehren, damit die Übergabe an den Satan die letzte uns bekannte Thatsache werde in dem Streite des Paulus mit den beiden Männern. Dann müssen Sie aber nicht nur zwei Gefangenschaften des Apostels annehmen, sondern auch unseren Brief in eine Zeit setzen, wo die meisten der darin vorkommenden Anordnungen in der That für die ephesische Gemeine und den Timotheus zu spät kämen, und die Stelle Kap. 4, 12 ganz unmöglich würde. Also einen zwiefachen Hymenäus und Alexandrus, wie Mosheim de reb. Christian. p. 177—179 sehr gründlich zeigt, dass man annehmen müsse, hätten wir. Unwahrscheinlich freilich sind schon an sich zwei gleichnamige Irrlehrer und Abtrünnige an dem gleichen Orte binnen weniger Jahre! Aber wie? sollte Paulus, indem er vor dem zweiten Hymenäus nicht nur warnt, sondern auch ihn selbst zu warnen scheint, ihm gar nicht das Beispiel des ersteren, wenn der etwa in dem apostolischen Banne verstorben war, warnend vorhalten? in der That mehr als unwahrscheinlich! Oder wenn der erste noch lebte, müsste der zweite nicht notwendig einen Beinamen geführt haben, den mit zu nennen, eine ganz allgemeine Gewohnheit gewesen? Mosheim meint freilich, sie unterschieden sich genug dadurch, dass der eine dem Philetus, der andere dem Alexandrus zugesellt wird; allein um sich in solchen Dingen der allgemeinen Gewohnheit zu entziehen, bedarf es mehr, als nur dass es kein augenblickliches Bedürfnis sei, sie zu befolgen. Und wenn wir von diesem Grundsatze ausgehen: so war auch der zweite Alexandrus schon bezeichnet genug durch seine Trennung von Hymenäus ohne ὁ χαλκεύς hinzuzusetzen. Ja ich möchte behaupten, auch ohne an die beiden späteren zu denken müsste Paulus, sowohl in der Rede an die ephesinischen Ältesten, wie in dem zweiten Briefe an den Timotheus, eines so seltenen und merkwürdigen Ereignisses, wie die apostolische Verbannung in der schrecklichsten Form, eines ist notwendig erwähnt haben, oder wir müssten, ganz im Widerspruch mit dem, was wir sonst woher wissen, glauben, er sei wirklich bei solchen Handlungen so gleichgültig gewesen wie allerdings die Worte unseres Briefes lauten. Wie höchst natürlich dagegen wird alles, wenn Sie sich einen anderen Schreiber des ersten Briefes denken, der den zweiten vor Augen hatte! Grossen Mangel hatte er, das zeigt sich überall, an Kenntnis persönlicher Verhältnisse und bestimmter örtlicher Umstände. Zwei Parteien findet er, über welche geklagt wird; was kann ihm erwünschter sein, als diese mit aufzunehmen? Er denkt sich, wie es ihnen noch mag ergangen sein, nicht eben nach Paulus Denkungsart — denn von dem wissen wir nicht einmal, dass er die, über welche er sich als über gefährliche Verführer am härtesten ereifert, ihrer irrigen Meinungen wegen, dem Satan übergeben, vielweniger solche, die nur für sich, wie es scheint, Schiffbruch gelitten am Glauben —, sondern nur nach der seinigen oder der allgemeineren seiner Zeit; und dieses ihm vorschwebende endliche Schicksal bringt er nun, ziemlich ungeschickt, freilich aber doch nicht unkritischer, als wir ihn ohnedies auch annehmen müssen, in einen Brief, der seiner ganzen Anlage nach für den früheren gelten musste. Dass er nicht wagt, etwas bestimmteres von ihnen zu sagen, sondern nur

in den allgemeinsten Formeln spricht, ist eben so
natürlich von ihm, als es unnatürlich von Paulus wäre;
dass er beide Parteien zusammenwirft, und von einer,
nur den einen Mitgenossen nennt, wird niemanden befremden;
endlich, dass er einen Menschen, der wahrscheinlich
kein Christ war, und auf den also diese
Strafe in dem apostolischen Sinne keine Anwendung
fand, dem Teufel übergeben lässt, dies mag seiner Zeit
und seiner Lage verziehen werden. Ich meine nämlich
den wirklichen Alexandrus, den Kupferschmied des
zweiten Briefes. Diesen suche ich nicht in Rom —
denn wozu sollte Paulus den Timotheus. der ja bei
seiner Ankunft ihn vor allen andern sprechen musste,
vor einem dortigen warnen? — sondern in Ephesus,
und Paulus denkt dabei gewiss vorzüglich an die bevorstehende
Abreise des Timotheus. Und diesen ephesinischen
Alexandrus nun kann ich nicht umhin für den
Akt. 19, 33. 34 erwähnten zu halten, welcher wohl
keineswegs ein judaisirender Christ gewesen ist, sondern
ein Jude und jüdischer Gegner des Christentums. Denn
wenn die Juden einen Christen hervorgestossen hätten,
um ihn der Wut des aufgebrachten Volkes Preis zu
geben: so hätten sie wohl lieber einen aus der wahren
paulinischen Schule genommen. Allein ihre Absicht
war offenbar, sich selbst zu verteidigen, und indem
sie ihre Sache von der Sache der Christen trennten,
gegen letztere, wo möglich etwas entscheidendes auszuführen;
diese mislang aber, weil das Volk beide
wie gewöhnlich verwechselte. Gewählt aber haben
sie hiezu gewiss einen Gegner der Christen, und
unter diesen nicht ungeschickt einen Mann, der

seiner Beschäftigung wegen den klagenden Silberschmieden verwandt und befreundet war. Dieser mag nun zu Ephesus allerlei Machinationen gegen die Christen auch nachher noch fortgetrieben haben, und dieser verderblichen Werke wegen wird er 2. Tim. 4, 14, ohne dass irgend erhelle, dass ein Christ gemeint sei, verwünscht, und nur im ersten von unserm Verfasser ungeschickterweise verbannt, so dass wir nur einen verdammlichen Alexandrus aus dieser Zeit haben, statt dreier.

An diese Auseinandersetzung schliessen sich ganz von selbst die übrigen meines Bedünkens unüberwindlichen Schwierigkeiten, die es hat, die Echtheit unseres Briefes mit andern Umständen, von denen wir sichere historische Kenntnis haben, zu vereinigen. Lassen Sie sich zuerst nur mit ein par Worten an das allgemeinbekannte erinnern. Dass Paulus den Timotheus von Ephesus aus nach Macedonien vorausschickte, wissen wir aus Lukas Akt. 19, 22. Dass Timotheus auf dieser Reise vielleicht auch nach Korinth kommen könne — denn nur so ungewiss redet Paulus davon, und scheint ihm eigentliche Aufträge dorthin gar nicht gegeben zu haben — und dass er ihn vor seiner eignen Abreise in Ephesus zurückerwarte, erzählt uns Paulus selbst 1. Kor. 16, 10. 11. Dass aber, als Paulus in Macedonien den zweiten Brief an die Korinther schrieb, Timotheus schon wieder bei ihm war, erhellt aus diesem Briefe, ohne dass uns Lukas etwas von seiner Rückkunft und überhaupt davon, dass einer von den eigentlichen Gefährten des Apostels in Ephesus zurückgeblieben, irgend etwas erwähnt. Nun sagt man, Lukas

Stillschweigen beweise nichts. Timotheus sei doch zurückgekommen — ja einige lassen ihn aus Korinth zurückkehren, wo er doch wohl gar nicht gewesen ist — aber er sei nur einige Wochen in Ephesus geblieben, und während dieser kurzen Zeit habe ihm eben Paulus unseren Brief geschrieben. Dies ist der einzige Ausweg, den auch Schmidt nimmt: allein lassen Sie uns nur unsern Brief zur Hand nehmen, so wird Ihnen jede Spur von Wahrscheinlichkeit, dass dem so sein könne, verschwinden. Paulus liess also dem Briefe zufolge den Timotheus zurück, um gegen Irrlehrer zu wirken, und teilt ihm eine Menge Vorschriften mit über Einrichtungen in der Gemeine, nicht etwa schnell abzumachende Dinge betreffend, sondern wie es fortwährend mit gewissen Gegenständen sollte gehalten werden, und solchen grade, über welche es in wenigen Wochen nichts bedeutendes konnte zu thun geben. Denn lassen Sie uns das zuerst beseitigen, dass man gewöhnlich annimmt, Paulus gebe in unserm Briefe dem Timotheus den Auftrag, Bischöfe und Gemeindiener in Ephesus erst anzusetzen. Dies ist offenbar falsch, und eine Vorstellung, die man nur aus dem Briefe an Titus erst in den unsrigen hinein trägt. In dem Briefe selbst steht kein Wort davon, sondern nur, wie es gehalten werden solle, wenn jemand wünsche, zu einem Kirchenamt befördert zu werden — mir, ich gestehe es, hat auch dieses wünschen und gleichsam sich melden einen verdächtigen Geruch späterer Zeit — falls ein Abgang entstände also, oder die Zahl der Beamteten erweitert werden müsse, oder wenn man will in Beziehung auf die sich erst bildenden Gemeinen in der Nähe der Hauptstadt. Denn in

Ephesus selbst hat gewiss Paulus die Männer, die er hernach zu sich kommen liess, selbst eingesetzt. Er wusste ja schon um Ostern, dass er gleich nach Pfingsten reisen würde, und hatte also Zeit genug, alle nötigen Vorkehrungen zu treffen. Der Auflauf, sagt man. habe ihn übereilt, und ihn zu einer fluchtähnlichen Abreise genötigt, so eilig, dass er die Ältesten nicht mehr ernennen konnte, und sich auch unterwegs erst auf die Notwendigkeit besann, den Hymenäus und Alexandrus in den Bann zu thun. Ich glaube nicht; denn je mehr er sich gefürchtet hätte, um desto unkluger wäre es gewesen, auf der Stelle vor dieser Flucht die Brüder zusammenkommen zu lassen — was gewiss, wenn noch etwas zu besorgen war, neue Bewegungen müsste veranlasst haben — und um desto unväterlicher, den jungen Mann in der Gefahr allein zu lassen. Noch weniger aber, als ich, kann ein Verteidiger unseres Briefes an eine solche Flucht glauben. Sondern der Auflauf muss nur eine augenblickliche Gefahr gewesen und auch von Paulus nur so angesehen worden sein; sonst würde ja wohl unser Brief irgend einen Zuspruch enthalten oder eine Ermunterung und Anweisung in dieser bedenklichen Lage. Auch würde dann wohl der Brief mit diesem wichtigen Geschäft angefangen haben, nicht mit den Irrlehrern, gegen welche so gar kein bestimmter Rat erteilt wird, und mit den Vorschriften über das Gebet. Also nur das kann von dieser Seite der Inhalt unseres Briefes sein, was wegen derer zu beobachten, die gelegentlich eine kirchliche Anstellung wünschten. Und das nun an den Timotheus, der nur wenige Wochen da bleiben sollte? was konnten in diesen für Veränderungen vorfallen mit den bisherigen Ältesten und Dienern, die nicht Paulus selbst schon könnte gewusst und bedacht haben? Und wieviel neue Witwen konnten indess entstehen, die nun auch gleich erwählt und in die gewisse Liste eingetragen sein wollten? Oder wenn der Fall eintrat, sollte hier nicht Timotheus Richtschnur genug gehabt haben an dem Verfahren des Apostels selbst, der doch dies Institut eingerichtet hatte? Ja, sagt man, der Brief ist nicht an den Timotheus allein, sondern an die Gemeine, oder vielmehr, da dergleichen Dinge nicht wohl in einer ἐκκλησία konnten abgethan werden, an die Ältesten. — Und an den Timotheus selbst so gut als gar nicht? Und mit einem solchen Briefe, der eigentlich nur für die Zeit nach Timotheus Abreise bestimmt gewesen wäre, sollte der auf seiner Reise so vielbeschäftigte und schwerlich sehr brieflustige Paulus solche Eile gehabt, und nicht lieber gewartet haben, bis er durch den Timotheus selbst die neuesten Nachrichten von dort her erhielt, und einen wirklichen Brief an die Epheser schreiben konnte? Oder wenn Paulus nötig fand, ihm eine Instruktion für diese zuzuschreiben, so sollte diese nicht noch viele andere fast wichtigere Punkte enthalten haben? Paulus sollte vielleicht gerade diesen Gegenstand vergessen haben zu besprechen, da er doch, wie der Brief zeigt, schon so mancherlei Erfahrungen darüber gemacht hatte? Sehen Sie, wie man nichts als unwahrscheinliches und fast ungereimtes herausbringen kann. Allein das alles war vielleicht nur beiläufig, und die Hauptsache sind die Irrlehrer, um derentwillen er auch zunächst zurückgelassen worden, wie der Brief besagt. Also sind wohl diese Irrlehrer, man nehme nun Essener an oder alexandrinische Grübler, so schnell gewachsen, dass Paulus selbst nichts hatte gegen sie thun können? dass sie, als er den Vorsatz fasste oder niederschrieb, in einigen Wochen abzureisen, noch nicht vorhanden waren? denn die ἀντικείμενοι 1 Kor. 16, 9 sind wohl mehr jüdische und heidnische Gegner des Christentums. Wenn das wäre, sollte Paulus, der, gar nicht hartnäckig, seine Entschlüsse oft nach den Umständen abänderte, nicht seine Reise aufgeschoben haben, um dem Unwesen zu steuern? Oder war der Kampf gegen sie schon älter, und Timotheus sollte nun, noch dazu nur durch so höchst allgemeine Vorschriften, wie unser Brief sie an die Hand giebt, in Stand gesetzt, in wenigen Wochen vollenden, was Paulus nicht gekonnt hatte? Warum liess er ihn dann nicht länger da? Er wollte wohl auch nach unserm Briefe, und verhiess noch dazu bald zu ihm zu kommen, was wir auch nicht reimen können mit den Geschäften in Macedonien und Achaja und der Reise nach Jerusalem; denn auf eine blosse Durchreise scheint die zweimalige Verheissung nicht zu gehen. Weshalb aber sollte früher als Paulus kommen konnte, Timotheus, besonders unter solchen Umständen, den ihm angewiesenen Platz sobald verlassen haben, um sich, man mag wohl sagen, unnötigerweise zu Paulus zu begeben, dem es an befreundeten und hülfreichen Gefährten auf dieser Reise gar nicht fehlte? Mag man nun annehmen, dass er sich furchtsam vor den Irrlehrern zurückgezogen, oder dass er sie über Erwarten schnell unschädlich gemacht oder gebessert: wie wollen wir erklären, dass Paulus in der Rede an die ephesischen Ältesten Akt. 20 gar nichts von ihnen und seinem und Timotheus Streit mit ihnen erwähnt, immer nur dagegen sich verwahrend, dass er ihnen etwas wesentlich zum Evangelium gehöriges verschwiegen, ja dass er vielmehr V. 29—31 ihnen Irrlehrer, welche zu ihnen kommen und unter ihnen aufstehen würden, nur weissagt? Können Sie wohl, wenn Sie auch nur dies erwägen, dabei beharren, dass unser Brief vor jener Zusammenkunft geschrieben sein könne, wenn etwas von Irrlehrern zu Ephesus darin steht? denn hier ist es nicht mehr Lukas Stillschweigen nur, was der Sache entgegensteht, sondern er müsste wirklich dem Paulus etwas untergelegt haben, was von diesem nicht konnte gesagt worden sein. Darum musste man nun suchen, den Brief in eine andere Zeit zu setzen nach dieser Zusammenkunft, oder, wenn es ginge, gar Ephesus ganz aus dem Spiele lassen. Und so gewinnt allerdings ein besseres Ansehen und erscheint dankenswerter, als es wohl aufgenommen worden ist, das Bestreben eines Gelehrten, aus dem wunderlich gestellten ersten Satze unseres Briefes andere Verhältnisse herauszudeuteln von einer aufgetragenen Reise nach Macedonien, für welche nun alle hier gegebenen Aufträge gölten. Allein was gewinnen wir wohl, wenn dabei doch von demselben vorherigen Zurücklassen zu Ephesus wegen der Irrlehrer die Rede ist? Und sollte etwa Timotheus in Miletus zurückgeblieben und mit den Ältesten nach Ephesus gegangen sein, die eben dem Paulus gemeldet hätten, die Erfüllung seiner Weissagung sei schon da: was für bedenkliche und dringende Nachrichten mussten dann aus Macedonien eingelaufen sein, um so schnell den Timotheus aus Ephesus abzurufen! und der Brief sollte dennoch nichts bestimmtes darüber enthalten? nicht einmal eine Verwunderung über den schnellen Wechsel, da Paulus sich ja eben lange genug dort aufgehalten, um alles in gute Verfassung zu setzen? Auch keine Nachricht von seiner Reise seit ihrer Trennung, nicht einmal die Anweisung, dass etwa der Überbringer des Briefes alles genauer erzählen könne? Auch nicht ein einziger Gruss von den Reisegefährten des Apostels oder den Brüdern des Ortes? Und eben dieser gänzliche Mangel an Grüssen, an denen es, wenn wir die drei ältesten Briefe des Apostels ausnehmen aus einer Zeit, wo der Verkehr zwischen den vorhandenen Gemeinen noch nicht so lebhaft und geordnet war und die Bekanntschaften der einzelnen noch nicht so ausgebreitet, sonst in keinem Briefe fehlt, ist schon allein für jede Zeit, die man annehmen könnte, ein sehr bedenklicher Umstand. Es giebt aber wirklich keine, die den obigen Vorwürfen entginge; denn von seiner Gefangennehmung in Jerusalem an, würde sich Paulus unstreitig als ὁ δέσμιος τοῦ Κυρίου ankündigen; und nehmen Sie eine Freilassung aus Rom an, so hat alsdann die Jugend des Timotheus lange aufgehört; so dass unser Brief in der That auch in gar keine Zeit hineingeht.

Allein, wenn auch das alles nicht wäre, so würde der Brief schon um des willen mehr als verdächtig sein, weil er in Absicht auf die Art, wie er angelegt und ausgearbeitet oder, wenn Sie lieber wollen, hingeworfen ist, gar keine Vergleichung mit den übrigen paulinischen aushält, vielmehr in dieser Hinsicht des

Apostels gänzlich unwürdig ist. Wir haben schon öfters Gelegenheit gehabt, zu bemerken, wie sehr es dem Briefe, auch da, wo man sie am meisten erwarten könnte, an allen Einzelheiten fehlt, die bei dem Apostel sonst überall so natürlich hervortreten, wie sich vielmehr hier alles im unbestimmten und allgemeinen hält, und unstät erscheint, wie aus der Luft gegriffen und nicht auf dem festen Boden wirklich bestehender Verhältnisse ruhend. Ja, ich möchte sagen, er ist hierin nicht nur den paulinischen unähnlich, sondern er trägt überall nicht den Charakter an sich, den ein Lehrbrief zeigen muss. Sonst wäre auch vielleicht für viele wenig damit gesagt, und die Unähnlichkeit möchte wenig bedeuten, weil diese Briefe von so sehr verschiedener Art sind, dass es nun leicht auch noch einen geben könnte, der sich wieder von allen andern auf eine eigene Weise unterschiede. Mag es uns also nicht zu weit aus dem Wege sein, zu sehen, wie verschieden sich Briefe dieser Art unter verschiedenen Umständen gestalten. Nicht dass ich etwa, die ganze Gattung umfassend, Ihnen eine Theorie in dem gewöhnlichen Sinne aufstellen und Regeln geben wollte, und dann zeigen, der Brief wäre nach diesen eben schlecht: sondern wir wollen uns nur zunächst an die Verhältnisse jener Zeit und jener Menschen halten, und sehen, wie sich ihre Zuschriften der Natur der Sache nach gestalten mussten, damit uns nur deutlich werde, ob wir einen wirklichen natürlichen Brief oder nur eine unter dieser Form ziemlich schlecht fingierte Schrift vor uns haben. Der Lehrbrief schwebt zwischen der Abhandlung, oder um es näher zu geben, wenn wir gleich den religiösen der damaligen Zeit nehmen, zwischen der religiösen Rede oder Homilie und dem eigentlichen vertrauten Briefe. Ich meine nämlich, dass jene allerdings, sei es nun für die Einsicht oder um unmittelbar das Gemüt in Bewegung zu setzen, einen Gegenstand auseinandersetzen will, und also diesem, wie er es selbst angiebt, folgen muss: jedoch nur, wie er es angiebt, für die, und nach Massgabe ihres Zustandes und ihrer Verhältnisse, an welche die Rede zunächst gerichtet ist. Der vertraute Brief hingegen spricht unmittelbar das freundschaftliche Verhältnis aus, in welchem beide Teile zu einander stehen, und wie sich darnach und in Bezug darauf Empfindungen und Ansichten bei einer gewissen Gelegenheit gestalten. Bei jener Gattung des Lehrbriefes nun wird natürlich bald mehr das lehrende hervortreten, bald mehr das briefliche. Aber auch wo jenes am meisten hervorsticht, wird er sich doch, wenn er nur ein wirklicher Brief ist, in der Verbindung und Zusammenstellung immer noch jenes freieren Charakters erfreuen, der dem Briefe eignet, dass er·sich nämlich nicht streng oder ausschliessend an die in dem Gegenstand bestimmte Ordnung hält; vielmehr der Eigentümlichkeit des Schreibenden nicht nur, sondern auch seiner augenblicklichen Stimmung etwas einräumt, so dass diese schon aus der Anordnung des ganzen hervorleuchtet. Und eben so, wo auch das briefliche noch so sehr die Oberhand hat, wird doch in einem religiösen Lehr- oder Hirtenbriefe eben durch die Beziehung auf den religiösen Gehalt des Verhältnisses auch das individuellste und persönlichste wieder in ein allgemeines zurückgespielt, so dass doch auch ein lehrender Charakter übrig bleibt, ein Gegenstand heraustritt, der eine Einheit bildet, und so das ganze bei allem Ausdruck der Vertraulichkeit zugleich als eine Darstellung der religiösen Gesinnung selbst unter diesen Umständen kann angesehen werden. Ich denke, über diesen Charakter der Gattung werden Sie einig mit mir sein, dass er jedem wirklichen Produkte dieser Art auch zukommen müsse, so wie auch über die Grenzen, worin wir das abweichendste eingeschlossen haben. Aber gewiss auch die Verhältnisse, unter denen eins von jenen Elementen das entgegengesetzte sich unterordnet, werden Sie sich eben so denken. Die Verbindung nämlich zwischen dem Schreiber und Empfänger kann enger sein oder auch weiter. Je weniger eng sie nun an sich ist, um desto weniger wird ein solches Verhältnis sich auf diese Art aussprechen, wenn nicht eine bestimmte Veranlassung eintritt, die also auch einen Gegenstand bildet und dem Lehrton die Oberhand giebt. Daher denn in dem Brief an die Hebräer und den sogenannten katholischen das briefliche sehr zurücktritt, von der Verfassung, worin der Schreibende sich eben befindet, wenig erhellt, und auch auf die Umstände der andern nur im allgemeinsten Rücksicht genommen wird; daher auch im Brief an die Römer die überwiegende Einheit und Gewalt des Themas. Aber auch wenn das Verhältnis noch so eng ist, kann doch leicht, wenn eine dringende Veranlassung das Schreiben erzeugt, der briefliche Charakter bedeutend zurücktreten und das belehrende und geschäftliche die Oberhand haben, wenn der Gegenstand herrscht, und es nun eben darauf ankommt, dieses bestimmte ins klare zu setzen oder auszurichten;

und diese Form werden Sie gewiss in dem Briefe an die Galater und an den Titus bemerken. Sonst muss offenbar, je genauer die Verbindung ist, um desto mehr das briefliche hervortreten, und also in dem Maass überwiegen, als mehr das freundschaftliche Bedürfnis sich mitzuteilen die Veranlassung des Schreibens gewesen, als irgend ein bestimmter Zweck; und so finden Sie es gewiss vornehmlich in dem Briefe an die Philipper und in dem zweiten an den Timotheus. Wenn aber in unserem Briefe das vertraute Verhältnis fast gar nicht heraustritt, und auf der andern Seite die meisten Gegenstände so behandelt werden, dass es zu nichts führt: wie sollen wir glauben, er sei wirklich als ein Brief entstanden? und am wenigsten durch Paulus. Denn wie ich Ihnen gleich hier durch nichts besser als durch paulinische Briefe die verschiedenen einzelnen Fälle zu belegen wusste, so will ich Ihnen gern gestehen, ich bin überhaupt der Meinung, dass diese Unterschiede eben deshalb sich bei dem Apostel so bestimmt herausprägen, weil er eben ein guter Briefsteller ist. Von der Sprache wollen wir hierbei nicht reden, wiewohl er sich auch diese auf eine vorzügliche Weise angeeignet hat, indem es wohl keinen Aufsatz im neuen Testament giebt, dessen Zurückübersetzung in einen hebräischen Dialekt so schwierig wäre wie die paulinischen Briefe; und niemand komme mir doch mit der Behauptung, er habe seine Briefe aramäisch diktirt, und der Schreiber habe sie dann gleich griechisch aufgezeichnet. Eigentlich aber meine ich, er war ein guter Briefsteller, wie er gewiss auch ein erfreulicher Gesellschafter war, wegen der grossen Lebendigkeit, mit der er auffasst und darstellt. Diese werden Sie gewiss weder in andern neutestamentischen Aufsätzen der Art noch in den Briefen der apostolischen Väter irgend so finden. Aber freilich musste diese Schriftstellerei bald ausarten, wenn die Gemeinen einen solchen guten Vater, wie Polykarpus, damit sie nur etwas von ihm aufzuweisen hätten, baten, ihnen doch nur einen Lehrbrief zu schreiben ganz aus heiler Haut, und er sich dann willig finden liess. Denn gute Briefe der Art schreibt man nun einmal nicht so, und es war daher kein Wunder, dass ein solcher Mann, selbst wenn er ihm sonst sehr überlegen gewesen wäre, dennoch hierin den Apostel nicht erreichen konnte, wie sich Polykarpus auch bescheidet. Ein par Aufsätze giebt es indess vielleicht auch im N. T., die eben so müssigerweise scheinen entstanden zu sein; aber keinen paulinischen. In diesen finden Sie gewiss wie ich den Verfasser nicht nur von seinem Gegenstande, wo irgend eine bestimmte Lehre soll eingeschärft werden, ganz ergriffen, so dass er ihn bis zu einem klaren Ende durchführt, immer bemüht, ihn durch wenige grosse Züge darzustellen, freilich dabei immer voll einzelner Einfälle und Beziehungen, die aber nur unterwegs mitgenommen werden, ohne den Leser aufzuhalten oder von dem eingeschlagenen Wege abzuführen, und wo er auf das vorige zurückkehrt oder sich eine Wiederholung erlaubt, gewiss etwas neues durch eine leicht begreifliche Verbindu g ihm zugeführtes beibringend; sondern Sie geben mir sicher auch zu, dass sich bei ihm für jeden Fall die möglichste Durchdringung des lehrenden und des brieflichen findet, indem er immer ganz bestimmt aus seinem Verhältnis zu denen, an welche er schreibt, herausredet, und ihm teils ihr Zustand immer lebendig vorschwebt, teils wo ihm der fremder sein sollte, dasjenige in seinen Briefen sich abdrückt, wovon er selbst eben in seiner Geschäftsführung am meisten bewegt war. In einem von beiden haben immer die einzelnen kleinen Vorschriften, die er öfters dem abgehandelten Thema beifügt, ihre Haltung und ihren Zusammenhang, und sind keinesweges als eine aufs Geratewohl zusammengebrachte Sammlung von guten Lehren und Sprüchen anzusehn, sondern sind eben, so dass wir mit Recht gern darüber predigen, Themata, Keime zu ähnlichen Abhandlungen, aus dem Bilde derselben Gemeinde oder aus anderwärts her einwohnenden Besorgnissen des Apostels hervorgewachsen. So schimmert dem aufmerksamen Leser in dem Briefe an die Römer überall durch, auf der einen Seite die bevorstehende Reise des Apostels nach Jerusalem, die seine Betrachtungen mehr als sonst auf den Zustand seiner Nation und auf die schlechten Fortschritte des Evangeliums unter derselben hinlenkte, auf der andern die Verfassung der Gemeine zu Korinth und die mancherlei Mängel derselben, die er mehr oder minder glücklich bekämpft hatte. Und wo könnte man die strengere Form der Lehrschrift und das vertrauliche des Briefes inniger vereinigt finden, als in den Briefen an diese letztere Gemeine, vorzüglich dem ersten, wiewohl auch die Verwirrung, die man dem zweiten Schuld giebt, etwas sehr leicht aufzulösendes ist. Und in seinen vertraulichen Briefen, nehmen Sie nur die beiden vorher schon besonders ausgezeichneten zur Hand, wie sehen Sie ihn, ganz durchdrungen von der Idee der Erlösung und von der seines apostolischen Berufs, nur hierauf alle Begebenheiten seines Lebens beziehen und auch alle Liebe hierauf gründen und zurückführen. Zu welcher von beiden Arten wollen Sie nun unsern Brief rechnen und was finden Sie für jede darin? Er geberdet sich freilich wie ein Geschäftsbrief; aber er springt so sehr von einem aufs andere. und geht besonders in Absicht, auf das, was er ankündigt, so wenig in den besonderen Zustand der ephesischen Gemeine hinein. dass man schwer sagen kann. was wohl Paulus eigentlich zu bestellen hatte. sondern lieber behaupten möchte, der Verfasser sei von keinen wirklich lokalen ihm bekannten Angelegenheiten ausgegangen bei seinen Aufträgen. Und wiederum leuchtet doch bei aller Mannigfaltigkeit so wenig durch von dem engen freundschaftlichen Verhältnis zwischen Paulus und Timotheus, und wiederum so durchaus nur das allgemeinste. dass man sagen möchte. es könne dieser Brief gar nicht aus einer solchen Verbindung wirklich hervorgegangen sein. Sondern wenn beide einander wenig angegangen wären, aber Timotheus hätte doch den Paulus gebeten. ihm einmal einen Brief zu schreiben. und dieser hätte dann, weil er nicht recht wusste was. von allem ein wenig berührt. dann könnte ein Brief ohngefähr wie dieser vielleicht herausgekommen sein. Nur dass er dann nicht Ansprüche machen müsste. auf etwas bestimmtes zu gehn. und dass ein solches Verhältnis zwischen diesen beiden Männern sich nicht denken lässt, so dass, was nur so könnte begriffen werden. schon ganz das Ansehn des erdichteten gewinnt.

Doch wir wollen hiemit keineswegs beim allgemeinen stehen bleiben, sondern Sie sollen mir genauer ins einzelne folgen, und ich will mich gern auch hier an die Vergleichungspunkte vorzüglich halten, die Sie mir selbst aufgestellt haben, da zumal jeder von jenen beiden Briefen für einen andern von den aufgestellten Hauptcharakteren sich zur Vergleichung darbietet. Denn der Brief an den Titus hat den vorherrschenden Charakter des Geschäftsbriefes, und dabei mit dem unsrigen fast den ganzen Inhalt gemein. Sie finden dort wie bei uns die Eigenschaften christlicher Ältesten angegeben; Sie finden wiederholte Warnungen vor den Judaisierenden, und zwar tragen sie auch ganz den allgemeinen Charakter ohne alle besondere Nachweisungen über die Art, wie sie in Kreta vorzüglich zu Werke gegangen wären, gerade wie wir es an unserem Briefe schon getadelt haben; Sie finden endlich eben wie hier Verhaltungsregeln für die verschiedenen natürlichen Abteilungen einer Gemeinde. Wenn Sie nun von dem Briefe auf die Art einen Inhalt entwerfen wollen, wie man es gewöhnlich zu thun pflegt, zuerst Kap. 1, 1—4 Gruss, V. 5-9 Eigenschaften der Ältesten, V. 10—16 Warnung vor den Judaisierenden, dann Kap. 2. V. 1—10 Vorschriften für Männer und Frauen von verschiedenem Alter, auch für Knechte, V. 10—14 von der Erlösung und Gnade durch Christum; wiederum Kap. 3, 1. 2 ein paar allgemeine Vorschriften, dann V. 3—8 Ermahnungen zum Guten überhaupt mit Verweisung auf die Kraft des Geistes und der Gnade, V. 9—11 nochmalige Warnung vor judaisierenden Streitigkeiten, V. 12—15 Schlussaufträge und Grüsse; wenn

Sie es so fassen wollen: so erblicken Sie freilich auch keinen klaren Zusammenhang, und es wäre unschwer eben so viel Ordnung und Bündigkeit auch in unsrem Briefe nachzuweisen. Allein wenn Sie die Art und Weise des Überganges und das Zurückweisen einzelner Stellen auf frühere beachten: so hängt in dem Briefe an den Titus alles sehr leicht und natürlich zusammen. Der Auftrag nämlich, auf den sich der ganze Brief bezieht, war offenbar, dass Titus Lehrer einsetzen sollte an den verschiedenen Orten der Insel, und also regelmässige gemeinschaftliche Erbauung und Belehrung einrichten. Daher war es wesentlich, die Eigenschaften guter Ältesten anzugeben, damit Titus überall seiner Wahl wegen sicher wäre und sich rechtfertigen könnte; und darunter gehörte natürlich auch die, dass sie Kraft haben mussten, sich denen, welche das Evangelium etwa verunreinigen wollten, zu widersetzen. Hierbei kommt Paulus sehr natürlich auf dasjenige Verderben, welches seiner evangelischen Predigt fast überall nachschlich; aber seine Zeichnung desselben bleibt hier billig im allgemeinen stehen, da wir gar keine Ursache haben zu glauben, es seien auf Kreta schon judaisierende Lehrer gewesen, sondern Paulus vielmehr nur die Verführbarkeit der Kreter bezeichnet und im voraus warnt, damit nicht auch dort geschähe, wovon ihm eben von anderwärts her vielleicht bedauernswürdige Beispiele vorschwebten. Den menschlichen Satzungen also, welche diese vortragen würden, stellt er entgegen die Gott wahrhaft wohlgefälligen guten Werke, zu denen Titus und seine zu erwählenden Gehilfen die Christen, jeden nach seiner Lage, aufmuntern sollten. Hierbei nun waren die Knechte die letzten. und diese gaben eine besondere Veranlassung, von der befreienden Gnade Gottes zu reden. dass ihr Zweck nicht eine anmassende äussere Gleichheit wäre, sondern das gerechte und gottselige Leben für jeden. Daher wird sich wohl niemand an diese Unterbrechung Kap. 2, 11—14 stossen, auf welche dann noch einige allgemeine Vorschriften folgen, noch es für eine blosse Wiederholung halten, dass nach Beendigung der letzteren noch einmal auf die christliche Lehrweise für alle solche Gegenstände hingewiesen wird, nach welcher alle Rechtfertigung sowohl, als alles zur Heiligung gehörige einzelne auf die Gnade durch Christum muss zurückbezogen werden, wodurch allein dergleichen Anweisungen einen wahrhaft christlichen Charakter bekommen, welchen recht stark herauszuheben und allem gesetzlichen deutlich entgegen zu stellen wiederum das eigentümlich paulinische ausmacht. Jene erste Stelle aber Kap. 2, 11 flgd. handelt zwar auch von der Erlösung, aber nicht so als Grund alles Sittlichen, und der Apostel konnte nicht anders als glauben, dass jeder Leser sie so wie er sie gemeint zunächst in Beziehung auf die Knechte und die auch ihnen zu Teil gewordene höhere Befreiung verstehen würde. weshalb ihn diese gelegentliche Antizipation nicht hindern konnte, seinen Hauptgedanken noch in Bezug auf das ganze auszusprechen, und den ihm so wichtigen Gegensatz zwischen der Gnade und der gesetzlichen Gerechtigkeit Kap. 3, 5 ausdrücklich vorzutragen, wodurch und durch den Zusatz V. 9 - 11 sich alles wieder genau an Kap. 1, 14 anschliesst, und sowohl die

Einheit der Absicht und des Gedankenganges sich beurkundet, als auch das Durchdrungensein des ganzen kleinen Aufsatzes von dem eigentümlichen Charakter der paulinischen Religiosität und apostolischen Praxis, der, ebenfalls echt paulinisch, auch schon in den Gruss verflochten ist, recht wie der Hauptstoff des Briefes in Röm. 1, 1—6 und Gal. 1, 1—5. So dass also hier derselbe Inhalt sich sehr genau zu einem ganzen verbindet, und durchgängig sowohl dem Verfasser angemessen, als zu seiner Absicht notwendig erscheint, von dem es in unserm Briefe, wie ich glaube, unmöglich sein wird, eine solche Ansicht zu gewinnen.

Gehen Sie auch mit mir zum zweiten Brief an den Timotheus, der ganz von der vertraulichen, freundschaftlichen Art ist, ob Ihnen nicht dort das Verhältnis des väterlichen Lehrers zu seinem vertrauten Schüler überall durchblicken wird, und ob nicht hieraus mit grosser Leichtigkeit alles einzelne hervorgeht, und höchst natürlich eins das andere aufnimmt, wenn Sie nur immer die Gemütsstimmung des gefangenen, die Verurteilung erwartenden Apostels fest im Auge behalten, der sich selbst und auf ähnliches etwa bevorstehendes auch seinen Schüler stärken will, und von dem grossen Zweck ganz voll ist, um deswillen er dies alles über sich ergehen lässt. Er soll, so ermahnt er ihn, die ihm verliehenen Geistesgaben wirksam sein lassen, und das Evangelium verkündend, bereit sein, um seinetwillen zu leiden; denn recht müsse gekämpft haben, wer sich der Zuversicht erfreuen wolle, in die Herrlichkeit Christi einzugehen. Dass hier Kap. 1, 15—18 zwischen eingestreut ist eine Erwähnung derer, welche den Apostel aus Feigherzigkeit verlassen hatten, und dann auch eines, der ihnen zum beschämenden Gegensatz diente. unerachtet erst weiter unten ausführliche Nachrichten von seinen Angelegenheiten und seinen Gefährten folgen, das ist wahrlich sehr natürlich, dass, indem er den einen zum Mut ermahnt, er ihm Beispiele von Furchtsamkeit und Wankelmut aufstellt. zumal bekannte, denn die hier genannten Männer scheinen aus den Gegenden zu sein, aus welchen jetzt Timotheus erwartet wurde. In der zweiten Hälfte des Briefes von Kap. 2, 14 an wird nun die Ermahnung weiter ausgeführt, die schon Kap. 1, 13, 14 angeregt war. bei der Verkündigung auch den reinen Typus der Lehre festzuhalten. Vor zweierlei scheint Paulus hier erst besonders zu warnen, dass sein Schüler sich nicht mit denen, die irrige Meinungen durch Wortverdrehungen zu rechtfertigen suchen, in solcherlei Streit einlassen solle, und dass er sich mit Grübeleien und Streitfragen, die hier nicht näher bezeichnet sein durften, weil nur von allgemeinen Vorsichtsmassregeln die Rede ist, auch nicht untersuchend und widerlegend befassen möge. Wie natürlich steht nicht zwischen diesen beiden Sätzen — zumal wenn Sie bedenken, dass doch in dem ersten die Hauptwarnung enthalten war, und der letztere sich nur als eine Zugabe anschliesst — das beruhigende Wort Kap. 2, 19—21, dass, je mehr die Kirche sich ausbreite, desto mehr es auch schlechte Gefässe geben müsse neben den guten. Diesem besonderen schliesst sich dann Kap. 3, 1 flgd. die Aussicht an auf bevorstehende Zeiten des Verderbens überhaupt, und die Ermahnung, auch gegen solche und unter allen Widerwärtigkeiten das Wort eindringend und beharrlich zu verkündigen. Solche Kleinigkeiten, wie dass hier noch nach der Beschwörung Kap. 4, 3 ein einzelner Zug nachgetragen wird, der sich dem Apostel in seiner Bestimmtheit erst später darstellte, können in einem vertrauten Briefe unmöglich befremden. Nur eins, die Berufung auf des Timotheus früheren Unterricht, scheint etwas gekünstelt oder willkürlich hineingebracht, um seiner Mutter und Grossmutter, gleichsam ihren Teil zuzugestehen an der Erziehung und dem Glauben des Timotheus, und nicht sich das Ansehn zu geben, als habe er ihn allein gebildet. Nicht wahr, so etwas, sei es auch etwas erkünstelt, anzubringen, finden Sie nicht ausser dem Charakter des Briefes, und es leuchtet Ihnen auch ein, dass sich dies so an Kap. 3, 10 anknüpft, und dass die Beteurung Kap. 4, 1 wieder auf diese Stelle Kap. 3, 10—13 zurückgeht. Auch hier also hat alles Eine, gleich anfänglich hervortretende Hauptbeziehung, und fliesst aus Einer, durch den Brief selbst überall deutlich angegebenen Stimmung und Richtung des Gemütes. Und in diesen beiden Briefen werden Sie schwerlich mehr als ein par Verse finden, die nicht in die Umrisse fielen, welche wir hier gezogen, und deren sonst nicht schwierige Verbindung mit dem übrigen nachzuweisen nur zu weitläufig war.

Nun aber versuchen Sie einmal, ob Sie in userm Briefe irgend einen verständlichen Zusammenhang finden, sei er nun mehr in einem zu behandelnden Gegenstande oder in einer auszudrückenden Stimmung gegründet, und ob nicht vielmehr immer eins dem andern widerstreitet und Sie in der Auslegung verwirrt. Ich lasse Ihnen frei, was Sie mit dem Anfang machen wollen, wo Sie sich vergeblich nach dem Schluss der Periode umsehn. Mir meines Theils dünkt es gar zu ungeheuer. V. 5—17 als Parenthese anzusehn, auch sonst schon, vorzüglich aber, weil dann nebst vielem andern auch das, worauf es eigentlich ankam, die nähere Beschreibung der Irrlehrer, in die Parenthese kommt, ausserhalb derselben aber so gut wie nichts über die Sache gesagt ist, sondern es fast herauskommt, als ob Paulus geschrieben hätte; da ich dich zurückgelassen habe, um gewisse Leute dahin zu vermögen, dass sie nicht abweichende Lehren vortragen, so wiederhole ich dir diesen Auftrag, dass du dich so gut halten mögest, als man von dir geweissagt hat, und den Glauben bewahren, an dem die Schiffbruch gelitten, welche ich dem Teufel übergeben habe — und nun wäre von ganz anderen Dingen die Rede. Wollen Sie die Parenthese verwerfen und sich wegen des unausgeführten Satzes irgendwie helfen oder nicht helfen: so gewinnen Sie freilich etwas mehr in fortlaufender Rede von diesen Irrlehrern, aber es ist doch auch nur etwas mehr Verwirrung. Denn sollen nun die Genealogisten und Fabler V. 4 und die Gesetzlehrer V. 7 dieselben sein oder nicht? Nichts kommt freilich vor, um sie als verschieden zu bezeichnen, vielmehr sind beide Stellen durch die ματαιολογία V. 6 mit einander verbunden. Sollen sie aber dieselben sein: so möchte Paulus immer mit dem geringen Übel angefangen haben, welches sie stiften, wenn er nur nicht schon abgekommen wäre von ihnen V. 5 und wieder einlenkte V. 6, und wenn nur in der ganzen Wendung das geringste läge, was das Bewusstsein einer

Steigerung verriete! Und doch wäre für Paulus das Einführen des Gesetzes ein weit grösseres Übel, als er das Fabeln und Genealogisieren beschreibt. Freilich vom Ritualgesetz scheint hier nicht die Rede zu sein, sondern vom Gesetz, inwiefern es einzelne sittliche Vorschriften enthält. Allein, sagen Sie, wie polemisiert Paulus sonst gegen das Gesetz in dieser Hinsicht? Dass es eins sei mit dem Ritualgesetz, und wer also zur sittlichen Handlungsweise die Verbindlichkeit aus dem Gesetz nehme, auch die andere Hälfte erfüllen müsse, was nun eben das andere Evangelium, so kein Evangelium ist, wäre; dass von hier ausgegangen die Rechtfertigung nur in einer vollkommenen Erfüllung des Gesetzes bestehen könne, die dem Menschen unmöglich wäre; dass das Gesetz nur das Unrecht aufzeige und Erkenntnis der Sünde hervorbringe, das Wissen des Gesetzes aber keine Kraft des Willens errege und also nur die Notwendigkeit eines andern Prinzips, nämlich der Erlösung und des Glaubens beweise. Alles dieses erklären Ihnen nun freilich mehr oder minder Chrysostomus und Theodoretus, die recht gut mit der paulinischen Ansicht Bescheid wissen, in unseren V. 8 hinein. Ἐὰν νομίμως χρῆσῃ τῷ νόμῳ, sagt ersterer, παραπέμπει σε πρὸς τὸν Χριστόν, und noch einmal οὕτω καὶ νόμῳ νομίμως χρῆται ὁ μὴ διὰ τὴν ἐκ τῶν γραμμάτων ἀνάγκην σωφρονῶν, ὁ εἰδὼς ὅτι οὐ δεῖται αὐτοῦ, ὁ μὴ καταξιῶν ἀπ' αὐτοῦ παιδεύεσθαι, und ganz in demselben Sinne auch der letztere S. 641. Allein sehen Sie nur, ob im Zusammenhange etwas hievon gemeint sein kann, und ob wohl Paulus seinen Hauptgedanken so würde verschwiegen haben, um etwas so wenig hieher gehöriges und hier so triviales zu sagen, wie das V.

9 und 10! Hier ist also nicht einmal ein Grund gelegt zu einer paulinischen Widerlegung der Judaisierenden. Aber wenn sie nun auch widerlegt wären, möchte es dann paulinisch sein oder nicht: so kam es doch nicht sowohl hierauf an nach dem Eingang, als vielmehr dem Timotheus sein Betragen gegen sie anzuweisen. Davon finden Sie aber hier nichts, und eben so wenig V. 19 und 20, wie denn überhaupt jene bereits verbannten gar nicht die sein konnten, denen Timotheus das ἑτεροδιδασκαλεῖν legen sollte. Und nun kommt nichts wieder von Irrlehrern bis Kap. 4, 1. Da nun dazwischen sehr ausführlich vom Gebet und von Aufsehern und Gemeindienern gehandelt wird: so sehen Sie wohl, dass bis dahin der Verfasser seinen angeblichen Zweck ganz aus den Augen verloren hat. Er hat ihn aber auch nun nicht etwa wieder: denn er redet hier nur von später zu erwartenden Irrlehrern, und dem, was Timotheus lehren solle, um die Christen im voraus gegen sie zu befestigen. Weiter unten V. 7 scheint er freilich wieder von schon vorhandenen Auswüchsen der Lehre zu reden; eben so auch Kap. 6, 3—5 und noch einmal V. 20, welche Stellen, wenn Sie auf den Sinn sehen, einander genau wiederholen. Allein was für Anweisungen erhält nun Timotheus? Keine andere, als sich mit jenen Irrlehrern gar nicht einzulassen. Nun kann dies eine ganz weise Massregel sein, lieber auf die Verführbaren zu wirken als auf die Verführer; aber doch nicht füglich eine Massregel, die Paulus dem empfiehlt, den er ausdrücklich zurückgelassen, ἵνα παραγγείλῃς τισὶν μὴ ἑτεροδιδασκαλεῖν. Stimmt das also wohl zusammen? und wenn Sie dazunehmen, wie zwischen

diesen dürftigen Stellen mit grosser Ausführlichkeit vieles von den in der Gemeine anzuordnenden Einrichtungen behandelt ist, müssen Sie nicht gestehen, dass der Eingang keinesweges zu dem ganzen passt, sondern dass man das von den Irrlehrern im Vergleich mit dem übrigen nur für ziemlich müssige Füllstücke halten muss? Und wenn Sie sich der schon aufgewiesenen Ähnlichkeiten besonders dieser Stellen mit anderen aus Titus und 2 Tim. erinnern, und dass 2 Tim. auch Verderben geweissagt, und dass Paulus Tit. 3, 9 und 2 Tim. 2, 23 befiehlt, sich mit unnützen Streitern und sektiererischen Menschen nicht einzulassen, Tit. 1, 13 aber, die Verführenden zum Schweigen zu bringen: kann Ihnen noch ein Bedenken übrig bleiben, anzunehmen, dass dies alles aus jenen Briefen schlecht zusammengebracht ist, und also schlecht passen muss zu dem Anfang, der selbst wohl daraus entstanden ist, dass der Verf., den Brief an den Titus vor sich habend, sich doch nicht getraute, Älteste in Ephesus erst durch den Timotheus einsetzen zu lassen nach einem so langen Aufenthalte des Apostels, und also auf den nächsten Gegenstand abirrte, der sich ihm V. 13 darbot?

Doch wir dürfen unseren ersten Abschnitt noch nicht verlassen; denn er enthält uns gleich die schönste Probe einer Eigenheit, die — mit Ausnahme vielleicht der Stellen, welche kirchliche Anordnungen abhandeln — durch den ganzen Brief hindurchgeht, und auch nicht im mindesten paulinisch ist. Nämlich der Verfasser lässt sich oft ganz unerwartet aus seinem Gegenstand herauswerfen, fällt auch wohl fortgesetzt immer weiter auf etwas anderes, um entweder gar nicht oder auf eine höchst steife und schlechte Weise einzulenken, und wenn man genauer nachsieht, wie er doch so kann abgekommen sein, so ist es ein einzelnes Wort, worüber er gefallen ist. Paulus freilich lässt sich auch nicht selten durch ein Wort ableiten; aber dann ist es entweder ein Einfall, ein Spiel mit dem Worte, was so hervorgeht, und er verliert darüber nie den Faden, oder er knüpft auch wohl auf diese Weise einen neuen Gegenstand an, der in den Plan seines Briefes gehört. Bei unserm hingegen sollen Sie das gewiss nicht sagen können, sondern werden gestehen müssen, es ist der reine Unzusammenhang, wenn er so abfällt, und es kommt nichts dabei heraus für die Absichten, die man ihm zuschreiben könnte. Gleich V. 5 können Sie freilich als einen natürlichen Gegensatz zum vorigen ansehen, wenn Sie dies für die Beschreibung der οἰκονομία θεοῦ annehmen; allein wie schlecht lenkt nun V. 6 ein, wo eben dies, dass sie dasjenige nicht erreichen konnten, was die Wirkung der richtigen Lehre ist, als die Ursache dargestellt wird, warum sie sich zur ματαιολογία gewendet. Doch das wollen wir nur als die äusserste Unbeholfenheit bemerken, wie schwer es dem Verfasser war, von einer so leichten Abschweifung, die kaum eine ist, zurückzukehren, um uns auf anderes vorzubereiten. Lesen Sie nun V. 9, ob Sie nicht erwarten müssen, nun zu hören, wozu wohl in christlichen Gemeinen das Lehren des Gesetzes noch anzuwenden wäre? Statt dessen erfahren Sie V. 8, dass es für den Christen, den begnadigten und in der Heiligung begriffenen, kein Gesetz giebt, sondern nur für den groben Sünder. Wie soll nun dies zusammen gehn? Hatte der Verfasser V. 9 und 10, wie man aus der reichen Ausführung schliessen muss. schon im Sinne: so musste in der That V. 8 ganz anders lauten. Wollte er aber im Ernst von dem richtigen Gebrauch des Gesetzes reden: so mussten ja V. 9 ganz andere Dinge folgen. Was hat also den Verf. geleitet? Das Wort νόμος und die Erinnerung an das. was Paulus anderwärts darüber gesagt hat. Nur die Ansicht Gal. 3. 23 wusste er nicht herauszubringen, sondern nur anzudeuten, durch das Spiel zwischen νόμος und νομίμως, was mich wundert, woher er es wohl haben mag. und springt lieber ab zu der Gal. 5. 23, bei der er es wohlfeil hat. sie durch den Gegensatz auszudrücken. — Wie flicken sich nun aber dem bisherigen die Worte an ὃ ἐπιστεύθην ἐγώ, καὶ χάριν ἔχω τῷ ἐνδ. und was weiter daran hängt? Das καί ist wohl richtig; denn ohne Verbindungspartikel fängt unser Verfasser nicht an — betrachten Sie nur das οὖν Kap. 2. 1 —, ausser wo er sich in der Nachahmung befindet. oder in einer Reihe Imperativen. Allein mögen Sie es auch löschen; ich gehe dann nur etwas weiter zurück, und frage, wie kommt er auf das ὃ ἐπιστεύθην ἐγώ, woran doch das folgende mit oder ohne καί so sichtbar hängt? Theodoretus, der auch das καί wohl nicht gelesen hat, knüpft doch diesen Satz so an, ὁ μέν τοι θεῖος ἀπόστολος εἰρηκὼς πεπιστεῦσθαι τὸ εὐαγγέλιον, εἰς μνήμην τίθει ὧν πάλαι κατὰ τῆς ἐκκλησίας ἐτόλμησε, und auch das folgende findet er nun natürlich καὶ ὕμνοις τὸν εὐεργέτην ἠμείψατο Allein, wie er nun dazu gekommen. dessen. dass ihm das Evangelium anvertraut worden. was Timotheus mit den Ephesern schon lange wusste. hier zu erwähnen, davon sagt uns der gute Vater nichts. Sie aber werden mich vielleicht auf eine ganz ähnliche Verbindung verweisen Eph. 3, 7 flgd.: allein dort redet der Verf., es sei nun ganz oder doch grösstenteils, zu solchen, die ihn und seine Amtsführung nicht unmittelbar kannten, und noch mehr, es ist die Rede von der ihm so besonders anvertrauten Verkündigung desselben unter den Heiden in Bezug auf die anbefohlene Einigkeit dieser und der Juden in der Gemeine. Dasselbe gilt auch von Kol. 1, 23. 25. Wie kommt aber die ganze mit dieser müssigen Erinnerung beginnende Stelle V. 12—16 hierher? Denn jenes ὃ ἐπιστεύθην ἐγώ selbst sehen wir nun wohl, wie es sonst nun an dem Worte εὐαγγέλιον hängen würde. Was für eine Veranlassung kann Paulus gehabt haben, hier so besonders seines ehemaligen gegen das Christentum feindlichen Betragens zu gedenken, die nicht deutlicher auf irgend eine Weise an den Tag kommen müsste? Ich bin nicht im Stande, irgend eine zu sehen, und begreife nicht, wie er sich hier diesen alten Irrtum so zu Herzen gehen lässt; denn eben so gut müsste er jedesmal, wenn er seines Apostolats gedachte, dieser Erinnerung nachhängen. Wis ganz anders ist es in der ähnlichen Stelle 1. Kor. 15, 8 flgd.! denn da bringt ihn das Gesicht, worauf seine Bekehrung sich gründete, darauf, und da hiebei seinen zum Teil abgeneigten und ihn nachteilig mit den andern Aposteln vergleichenden Lesern seine frühere Denkungsart einfallen musste, so war es natürlich, dass er nicht das Ansehen haben wollte, dies zu vermeiden, sondern ihnen dabei zu Gemüte führte, wie wenig dies dem Wert seiner apostolischen Arbeiten Eintrag thäte. Und wie natürlich ist die Art, wie er dort davon redet gegen die wunderlichen Selbstbeschimpfungen hier! Chrysost. vergleicht diese mit der Milde, womit Paulus Röm. 10, 2 den Unglauben der Juden entschuldigt, und rühmt nun unsere Stelle der grossen Demut wegen: ὁρᾷς τὴν καταφορὰν αὐτοῦ πῶς οὐκ ἔστι φίλαυτος; πῶς συνεσταλμένην κέκτηται τὴν διάνοιαν; Theodoretus verwundert sich noch darüber: τῶν δὲ ἁμαρτωλῶν πάντων πρῶτον ἑαυτὸν φάναι καὶ αὐτὸν ὑπερβαίνει τῆς ταπεινοφροσύνης ὅρον, und scheint anfänglich das folgende von der ὑποτύπωσις für noch stärker zu halten; allein allmählich liest er sich hinein, und schliesst auch damit ἀλλ' ὁ μὲν θεῖος ἀπόστολος ταῦτα εἴρηκε μετρίῳ κεχρημένος φρονήματι. Er sollte sich lieber nicht hineingelesen haben; denn es bleibt ein ungeheurer Unterschied zwischen dieser und allen andern Stellen, wo Paulus jener früheren Zeit erwähnt. Erinnern Sie sich ausser den beiden schon erwähnten nur noch an Gal. 1, 13—15 und Phil. 3, 6. Gewiss hier haben wir einen anderen, der der Demut etwas zu viel thun will, und ohne Ursache recht ungeschickt hineinplumpt. Dazu kommt noch die schlechte Fülle V. 14, mit der die Ausleger nicht wissen was zu machen. Heinrichs nimmt hier eine Steigerung an: Ich habe nicht nur Verzeihung erhalten, sondern bin auch zum Diener der neuen Religion bestellt worden; allein eine solche wäre bei dieser Fülle in der That zu dunkel angegeben, um so mehr da ihr eigentlich V. 16 ganz widerspricht. Noch wunderlicher ist des Theodoretus Erklärung p. 642: ἔδειξε πρὸς οἷς ἔλαβον ἅπερ αὐτὸς συνεισήνεγκε, τυχὸν γὰρ τῆς ἄνωθεν χάριτος, τὴν πίστιν καὶ τὴν ἀγάπην προσήνεγκεν. Dies wäre noch ungehöriger; aber ich will mir diese Erklärung nicht weiter zu

Nutze machen, sondern halte ganz einfach diesen Vers nur für eine weitere Ausführung des $ἐλεήϑην$ und für ein Anwachsen der falschen Demut, dass Paulus sich wundern soll, dass die Gnade Christi sich bis auf ihn erstreckte. er, der recht gut wusste, was für ein Werkzeug Christus an ihm hatte, und sich Gal. 1, 15 weit würdiger darüber so auslässt, dass er schon von Mutterleibe berufen gewesen, und dass es so habe kommen müssen. Dies ist gewiss die natürlichste Erklärung; aber sehen Sie nun, wie V. 15 wieder einen eigenen eingeschobenen Satz für sich bildet, ziemlich müssig und die Formel $πιστὸς ὁ λόγος$ wunderlich missbrauchend, als ob Paulus für sich oder den Timotheus noch einer besonderen Bekräftigung dieses Satzes bedürfte. Und nun anstatt wieder einzulenken, wie es in der ähnlichen Stelle 1. Kor. 15. 11 so leicht und brieflich ungezwungen geschieht und hier auch hätte geschehen können, geht er nun gar in eine Doxologie über, wodurch er denn aus seinem Gegenstand, recht wie einer, der sich nicht zu helfen weiss, sich ganz herausstürzt, um V. 18 wieder hineinzuspringen, und auch das vergeblich. Durch diese Doxologie verliert aber nicht nur das bisherige ganz den Charakter des beiläufigen, den es doch als zwischen den eigentlichen Gegenstand eingeschoben an sich trägt. sondern sie steht auch ganz anders, als Sie irgend eine paulinische Doxologie finden werden. Vielmehr stehn diese Belobungen grösstenteils nur da, wo ein ausführlich abgehandelter Gegenstand zu Ende, und zu einem überzeugenden Grade der Klarheit gebracht ist. So Röm. 11, nachdem das Verhältnis der Erwählung des jüdischen Volkes zu der

Einsetzung und dem Gange des Christentums auseinander gesetzt worden; eben so 1. Kor. 15 am Ende der Belehrung über die Auferstehung, und die fast nur angedeutete 2. Kor. 9, 15 am Ende der Aufforderung zur Beisteuer, und Eph. 3, 21, wo der erste Teil des Briefes schliesst, und hernach die besonderen Vorschriften anheben. Nur die eine Röm. 14 übergehe ich, weil ihre Stelle unsicher ist, aber offenbar hat auch sie ganz das Ansehn, etwas zu beschliessen. Die einzigen Ausnahmen, die Sie anführen könnten, wären wohl jene bekannte Röm. 9. 5, die auch den Gegenstand, nachdem er kaum begonnen, nur unterbricht. Allein sie unterbricht ihn wohl nicht einmal, sondern gehört noch zum Anfang, und ist offenbar nichts anders, als eine anders gewendete Wiederholung der V. 1 gegebenen Bekräftigung durch lobpreisende Teilnahme an den kurz aufgezählten Vorzügen des Volkes. Noch scheinbarer ist der unserigenähnlich Röm. 1, 25: doch werden Sie nicht übersehen, wie dort der Gegensatz zwischen dem $\varkappa\tau\iota\sigma\alpha\varsigma$ und der $\varkappa\tau\iota\sigma\iota\varsigma$ durch die Doxologie herausgehoben wird, und die Freude des Gottverehrers bei dem innern Abscheu gegen den Götzendienst so natürlich die Rede durchbricht. Bei der unsrigen hingegen werden Sie nichts dergleichen aufzufinden wissen, und sie steht wahrlich nur da, um zu brechen, was sich nicht mehr wollte biegen lassen. — Nach einer solchen schlechthin abbrechenden Formel nun war beides gleich leicht, zu einem neuen Gegenstand überzugehen oder in den alten wieder hineinzuspringen. Offenbar thut unser Verf. das letztere; denn die $\pi\alpha\varrho\alpha\gamma\gamma\epsilon\lambda\iota\alpha$, die $\pi\iota\sigma\tau\iota\varsigma$ und $\alpha\gamma\alpha\vartheta\dot\eta$ $\sigma\nu\nu\epsilon\iota\delta\eta\sigma\iota\varsigma$, alles führt uns auf V. 5 zurück. Warum aber? Denn es folgt nun gar keine Anweisung, wie eigentlich, sondern nur eine Ermunterung, dass überhaupt Timotheus das Wort verkündigen und gegen die Irrlehrer streiten solle. Sie werden sagen, im zweiten Briefe an denselben fänden sich auch nur solche Ermunterungen; allein wie anders ist auch der Fall! Paulus ist dort voll von der Erfahrung, wie nachteilig Gefahren aller Art auf seine Genossen wirken konnten, und dem will er vorbeugen durch Ermunterungen. Und gegen die dort vorhandenen Irrlehrer hatte damals Timotheus den Apostel schon vielfältig genug streiten sehen. Hier hingegen ist es recht, als kehre unser Mann noch einmal zurück, um noch etwas vergessenes anzubringen; ich meine die προαγούσας προφητείας, die ich unmöglich anders als die Alten erklären kann, und von denen sich wahrscheinlich in irgend einer Lebensbeschreibung des Timotheus Sagen erhalten hatten. Doch vielleicht finden Sie die Alten, die Grot. zu dieser Stelle anführt, zweideutig, ob sie nicht nur eine dem Apostel widerfahrene Offenbarung, eine von ihm selbst wörtlich und thätlich ausgesprochene Prophetie meinen. Theodoret. braucht sogar in seiner Erklärung nur das Wort ἀποκάλυψις. Allein in Paulus Munde wäre dies ganz und gar sprachwidrig und ungewohnt, dass er eine Offenbarung des Geistes, die ihm unmittelbar geworden und ihm also ein innerliches war, προφητεία oder irgend wie anders als ἀποκάλυψις nennen sollte. Dasselbe spricht auch zu deutlich aus dem προάγειν. Ist aber nicht diese Berufung dem Apostel ganz fremd, der, wo er selbst zu handeln hatte, Weissagungen von dem Erfolg wenig achtete Akt. 21, 11 flgd., und sich gewiss am wenigsten in diesem Teile seines Berufes, der Ansetzung von Lehrern und der Wahl von Gehülfen, von andern leiten liess? Um nun das zweite anzubringen, den Hymen. und Alex., sehen Sie nur wie dürftig die Wendung aus V. 6 fast wörtlich wiederholt wird. Das $\beta\lambda\alpha\sigma\varphi\eta\mu\epsilon\tilde{\iota}\nu$ ist wohl schwerlich anders als von Lästerung und zwar des reinen Christentums zu verstehen. Wie Sie es aber auch nehmen mögen. Sie gelangen dadurch zu keinem bestimmteren Bilde von den beiden Männern. Es ist einmal umsonst, die einzelnen Züge zu vereinigen, und das vergebliche Bestreben kann nur in neuer Verwirrung endigen. Den Chrysost. hat der vorige falsche Gebrauch von $\zeta\acute{\eta}\tau\eta\sigma\iota\varsigma$ so irre gemacht, dass er ebenfalls in diesem gutmütigen Bestreben das $\beta\lambda\alpha\sigma\varphi\eta\mu\epsilon\tilde{\iota}\nu$ zurückführt auf das $\lambda o\gamma\iota\sigma\mu o\tilde{\iota}\varsigma\ \zeta\eta\tau\epsilon\tilde{\iota}\nu\ \tau\grave{\alpha}\ \vartheta\epsilon\tilde{\iota}\alpha$ So schlecht muss man die Sprache bereichern, wenn man hier einen Schriftsteller voraussetzt, von dem man eine bestimmte Zeichnung gewohnt ist.

Nachdem nun über die Irrlehrer aufs neue nichts ordentliches gesagt worden, springt er ganz plötzlich auf einen andern Gegenstand über, nämlich das gemeinschaftliche Gebet. Bemerken Sie doch bei dem gänzlichen Mangel jeder Spur von Verbindung das $o\tilde{\nu}\nu$, ob Sie sich wohl anheischig machen möchten, irgend sonst wo bei Paulus ein solches aufzuweisen. Vorzüglich aber sehen Sie, wie geschwind er auch hier wieder herausfällt. Es ist gut für alle zu beten — ich möchte aber deshalb nicht den Kaiser ausschliessen. wie Heinrichs durch die Parenthese zu thun scheint, von dem Gedanken, dass er auch solle zur Erkenntnis kommen. Theodoretus stimmt mir bei. $\dot{o}\ \delta\grave{e}\ \vartheta\epsilon\tilde{\iota}o\varsigma\ \dot{\alpha}\pi\acute{o}\sigma\tau o\lambda o\varsigma\ \upsilon\dot{\iota}\ \tau o\acute{\upsilon}\tau o\upsilon$

μόνον χάριν τὰς ὑπὲρ τούτων γίνεσθαι δεήσεις παρεγγυᾷ, ἀλλ' ἵνα καὶ τῆς ἀσεβείας παυσάμενοι μεταμάθωσι τὴν εὐσέβειαν. Und der Zusammenhang, auf den dieser Vater mehr sieht, als wohl die anderen, gewinnt offenbar dadurch. Aber freilich, auf der andern Seite betet wohl niemand um etwas so fern von dem natürlichen Gang der Dinge liegendes, als zu Paulus Zeit die Bekehrung des römischen Kaisers war! — also es ist gut, für alle zu beten, weil Gott will, dass alle zur Erkenntnis kommen, sagt er V. 3 und 4. und hiermit sagt er schon wieder dem besonderen Gegenstand Lebewohl, um sich in eine ganz allgemeine Betrachtung zu verlieren. Und freilich ist es ganz paulinisch, von hier auf Christum zu kommen, der eben gesendet war, um allen dies Gelangen zur Erkenntnis zu vermitteln. Das hätte auch Paulus wohl eingeflochten; aber so ganz von seinem Gegenstande verloren hätte er sich nicht. Auch die Formel: denn es ist ein Gott und ein Mittler, ist doch für ihn zu schlecht hier, weil sie einen Gegensatz voraussetzt, entweder der Idole gegen Gott, oder wie Röm. 3, 30 der Juden gegen die Heiden. Das wäre schon nötig, um das εἷς θεός herbeizuführen; was meint aber vorzüglich der μεσίτης hier? Im Brief an die Hebr., wo und sonst nirgend Christus μεσίτης genannt wird, hängt das auch überall mit der von ihm gestifteten διαθήκη zusammen, und jenes Wort kommt ohne dieses gar nicht vor. Dieser Sprachgebrauch gründet sich auf die dort überall herrschende Vergleichung des Judentumes mit dem Christentum; denn Moses war ursprünglich der μεσίτης dieser συνθήκη zwischen Gott und dem Volke. So nennt ihn auch Paulus Gal. 3. 19. Allein eben deshalb möchte ich fast behaupten, es sei nicht recht paulinisch, Christum μεσίτης zu nennen, weil eben Paulus die Vergleichung so nicht macht, sondern gerade von dieser Seite den Gegensatz feststellt, wie eben in der angezogenen Stelle deutlich zu sehen ist. Die Stelle Kol. 1, 20 handelt offenbar nicht von einem solchen Vermitteln zwischen Gott und den Menschen. Doch sei dem, wie ihm wolle, hier ist der Ausdruck durch gar nichts vorbereitet, und kann seine eigentümliche Bedeutung gar nicht geltend machen, macht sich also auch verdächtig, nur entlehnt und aufgegriffen zu sein. Eben so wenig ist das ἀντίλυτρον auf das εἰς ἐπίγνωσιν ἀληθείας ἐλθεῖν, wovon doch die Erwähnung Christi hier durchaus abhängt, nur im mindesten bezogen. Nein, gestehen Sie mir, so schreibt Paulus nicht, so zwecklos flattert seine Sprache nicht umher. Die schönen Worte τὸ μαρτύριον καιροῖς ἰδίοις nehmen Sie, wie es Ihnen am bequemsten ist. Das Leiden Christi, wovon alle Alten sie einstimmig erkären, hat doch hier gar keine Stelle, und wenn Paulus sich sonst ausdrücklich Verkündiger des Kreuzes nennt, so geschieht auch das in einer bestimmten Beziehung, die sich hier gar nicht findet. Ich weiss nichts besseres, als sie mit dem folgenden zu verbinden, als ob der Verf. hätte sagen wollen: τοῦτό ἐστι τὸ μαρτύριον εἰς ὃ καιροῖς ἰδίοις κ. τ. λ., und wer weiss, ob er nicht, den Brief noch vor sich habend, das καιροῖς ἰδίοις aus Tit. 1, 3 genommen hat. Aber sehen Sie, wie wunderbar armselig er wieder denselben Weg geht, und sich gar nicht halten kann, schon wieder als Paulus auf sich selbst zurückzukommen, und zwar mit einer, wie ich Ihnen schon bemerkt, rein und zwiefach abgeschriebenen Stelle. Nachdem er nun wiederum seinen Gegenstand so plötzlich im Stich gelassen, was sollen wir von V. 8 flgd. glauben? Denken Sie, er will wieder zu derselben verlassenen Materie zurückkehren: so müssen wir glauben, er wolle nun mehr in das besondere hineingehen, was Männern und Frauen zieme beim Gebet. Allein von den Männern wird doch gar nichts neues gesagt, als das ἐν παντὶ τόπῳ, was wiederum kein besonderes ist. Von den Frauen V. 9 flgd. zwar besonders genug, allein was keineswegs das Gebet allein betrifft; und so hätte er denn diesen zweiten Gegenstand eben so schnell zum zweitenmal verlassen. Überhaupt ist es schwierig, auch nur von Anfang an V. 9 auf das Gebet zu beziehen. Die Alten thun dies freilich durchgängig, wie in Ökum.: ὡσαύτως, τουτέστι βούλομαι αἴρειν ὁσίους χεῖρας. und Chrys. der auch das χωρὶς ὀργῆς καὶ διαλογισμοῦ mit unter dem ὡσαύτως versteht, damit man sich nicht wundere, dass kein besonderes inneres κόσμιον der Weiber aufgeführt wird, sondern nur noch das äussere hinzugefügt. Eben so verstand es auch Theod., wie man aus seinem Zusatz sieht: μία γὰρ ἡ φύσις, καὶ μία ἡ χάρις. Und in der That kann auch das ὡσαύτως keine andere Beziehung haben, und die neueste Erfindung, es zu übersetzen: mit gleicher apostolischer Autorität, deren hier nicht die mindeste Erwähnung geschehen war, ist doch zu sonderbar. Allein auf der andern Seite, wie will man mit der Struktur fertig werden, welche wegen des ohne alle Verbindung hinzugefügten Infinitivs κοσμεῖν ἑαυτάς zu dem ὡσαύτως fast nur βούλομαι zu suppliren erlaubt? Demnach wäre unser Text schon V. 9 nicht mehr beim Gebete, sondern bei Vorschriften über die Kleidung der Frauen, und schwerlich nur bei den Versammlungen, denn ἐπαγγελλόμεναι θεοσέβειαν mussten ja die Christinnen auch sonst sein. Theod. weiss sich diesen plötzlichen Übergang auch nicht anderes zu erklären, als indem er sagt: λέγει δὲ καὶ τὰ ταύταις ἁρμόττοντα, und Grot. fügt dies, wie er denn oft nichts anderes thut, der Glosse aus dem Ökum. hinzu. Sollen wir nun auch V. 11 unter diese ἁρμόττοντα ziehen, und, um doch einigen Zusammenhang in die Stelle zu bringen, sagen, von Anfang unseres Kapitels an sei eigentlich der Zweck, mehrere einzelne Vorschriften zu geben über die Einrichtungen und das Betragen in den öffentlichen Versammlungen, und nach V. 8 müsse man eigentlich einen Absatz machen, und das ὡσαύτως auf das παρακαλῶ V. 1 zurückbeziehen und also als das zweite Glied zu jenem πρῶτον ansehen? Das klingt unstreitig noch am besten! wenn nur nicht die offenbare Beziehung zwischen V. 8 und 9 durch τοὺς ἄνδρας und τὰς γυναῖκας gegeben wäre, und wenn uns nicht V. 12 das αὐθεντεῖν ἀνδρός mit seinem Anhang käme. So scheint denn nichts anderes übrig zu bleiben, als dass unserem Verf. beim Zurückkehren V. 8 das τοὺς ἄνδρας so herausgefahren war, weil er wirklich auch von den Frauen in Beziehung auf das Gebet sprechen wollte; nun fiel ihm aber eben dabei die grosse Stelle, nicht etwa 1. Kor. 11 ein, denn mit der konnte er schwerer etwas anfangen, sondern vielmehr die allgemeinere 1. Petr. 3, wo, nachdem das ganze Verhältnis der Knechte durchgenommen war, nun noch das ganze Verhältnis der Frauen durchgenommen wird, und von daher bringt er nun alles in der Ordnung, wie es sich thun lässt. Dem Paulus aber sieht es gar nicht ähnlich, sich von seinem Gegenstande durch ein untergeordnetes Glied ganz abführen zu lassen, vielmehr haben wir das klare Beispiel des Gegenteiles vor uns. Nämlich in der letzten Hälfte seines ersten Briefes an die Korinther redet er von dem Anständigen in den christlichen Versammlungen, und zwar zuerst von Seiten der ganzen Gemeine, wo er denn zweierlei vorzüglich zu tadeln fand, die Kleidung der Frauen und die Unordnung bei den Agapen, was er daher beides unmittelbar hintereinander Kap. 11 abhandelt; demnächst aber auch von Seiten derer, die in der Gemeine lehrend auftreten, wo ihm das wichtigste war das Verhältnis der πνευματικῶν und der προφητῶν, und erst hier bringt er dann Kapitel 14 die Vorschrift, dass Frauen überall gar nicht lehrend auftreten sollen, keinesweges liess er sich verleiten, sie schon jener ersten Stelle, weil doch einmal von Frauen die Rede war, anzuhängen. — Das folgende V. 11 und 12 hat ganz das Ansehen einer Reminiszenz aus 1. Kor. 14, 34. 35: nur muss man zweifeln, dass derselbe Paulus in unserem Briefe das Schweigen der Frauen als ein von ihm ausgehendes Gebot οὐκ ἐπιτρέπω angeben sollte, der es in jenem Briefe ausdrücklich als eine allgemeine Sitte aller christlichen Gemeinen anführt, οὐ γὰρ ἐπιτέτραπται, vergl. V. 33 und 36. Dies ist schon ganz sonderlich, und Sie werden es schwerlich damit verteidigen wollen, dass Paulus zu Ephesus und gegen den Timotheus nicht nötig gehabt, sich auf eine andere Autorität zu berufen, wohl aber zu Korinth. Denn wenn doch nun offenbar ist, dass er das Gebot nicht gegeben hatte, so hätte er doch hier wenigstens sagen müssen: Ich erlaube es in meinen Gemeinen eben so wenig wie andere in anderen. Wie paulinisch nun aber erst das folgends sein kann V. 13—15. das überlegen Sie selbst. Ich meines Teils kann mir weder den grossen Nachdruck, die hier auf die frühere Schöpfung, die noch dazu mit dem Lehren oder Nichtlehren in so gar keiner Verbindung steht, gelegt wird, als eine Ansicht des Mannes denken, der nicht lange zuvor 1. Kor. 11, wo doch nur von der Andeutung eines äussern Vorranges die Rede war, nachdem er sich V. 8 und 9 hierauf berufen, sich selbst gleichsam berichtigt durch die Worte V. 11, $\pi\lambda\dot\eta\nu$ οὔτε γυνὴ χωρὶς ἀνδρὸς οὔτε ἀνὴρ χωρὶς γυναικός, und lieber zu andern Gründen seine Zuflucht nimmt; noch auch kann ich glauben, dass Paulus so die erste Sünde auf Eva im Gegensatz von Adam zurückgeschoben habe, fast um dieselbe Zeit, wo er den Brief an die Römer schrieb, zumal auf eine so grelle Weise: ὁ Ἀδὰμ οὐκ ἠπατήθη. Den guten Vätern machte dies auch genug zu schaffen; da soll πρῶτος zu verstehen sein, da soll es ärger sein, sich von der Schlange betrügen lassen, als von seiner Genossin, und dann soll man noch bedenken, ὡς ὁ θεῖος ἀπόστολος πρὸς τὴν προκειμένην χρείαν ἐξυφαίνει τοὺς λόγους. Aber wo ist denn diese χρεία? warum bringt denn Paulus 1 Kor. 14 nichts dergleichen vor? αἰσχρόν ἐστι γυναιξὶν ἐν ἐκκλησίᾳ λαλεῖν, damit begnügt er sich dort, und verwickelt sich nicht in solche unhaltbare Dinge. Ja, was meinen Sie, ob wohl Paulus damals, als er 1 Kor. 7 schrieb, wenige Monate auf jeden Fall vor der Abfassung unseres

Briefes könnte das nur gewesen sein, der Meinung gewesen ist, dass die Seligkeit des weiblichen Geschlechts vom Kinderzeugen abhange, und er dennoch, wenn er dies nur irgendwie geglaubt — freilich nicht etwa nur, dass das Kinderzeugen ihr Heil nicht hindern würde, das ist aber auch für die Worte zu wenig, denn $διά$ heisst doch nie und nirgends unerachtet, sondern dass irgend ein höheres Verdienst, ein $βαθμός$ nach unserem Verf. dadurch zu erwerben wäre — den Jungfrauen um der gegenwärtigen Not willen könnte geraten haben, wenn sie es könnten, ledig zu bleiben? Oder so neuerlich sollte diese altjüdische Ansicht ihm wieder eingeleuchtet haben, ohne dass er in unserem Briefe auf die frühere Meinung auch nur im mindesten Rücksicht genommen, unerachtet diese nach 1 Kor. 11, 17 seine allgemeine Praxis und nach V. 40 seine sehr feste Überzeugung war? Auch hier winden sich unsere kommentierenden Väter sehr ängstlich, da sie alle aus einer Zeit sind, wo man schon viel Aberglauben trieb mit der Jungfrauschaft. Am künstlichsten spielt Hieronym. mit unserer Stelle adv. Jovin. Ed. Paris. 1706. I. p. 170, wo er meint, die Seligkeit beruhe eben darauf, dass die Kinder in der Jungfrauschaft blieben, so dass jedes Geschlecht die Sorge für seine Seligkeit dem folgenden zuschiebt, um sie auf Kosten eines dritten zu bewirken. Wieviel Mühe hätten sie sich gespart, wenn sie gemerkt hätten, dass Paulus das doch nicht könne gesagt haben! Beiläufig muss man wohl, wie er thut, das $μείνωσιν$ auf $τέκνα$ beziehen, auch grammatisch — denn dies ist nicht die Art, wie Paulus aus einer Zahl in die andere überzugehen pflegt, aber sehr wohl konnte der Verf. hier unerachtet man aus τεκνογονία nur τέκνα herausnehmen kann, doch μείνωσι sagen, eben um den Missverstand zu vermeiden — besonders aber, weil die Rede doch dadurch an Zusammenhang und Verstand gewinnt. Doch ich vergesse, dass jetzt eigent- ich nur vom Zusammenhang die Rede ist unter uns, und erinnere Sie nur noch eimal daran, wie der Verf. stufenweise von seinem Gegenstand herunter gefallen ist, und ihn keinesweges abgehandelt, sondern nur aus der Hand hat fallen lassen.

So ist es ihm also zweimal mit seinem Gegen- stande ergangen! ein dritter geht mit dem dritten Kap. an, und mit diesem scheint es nun weit besser zu gehen; denn wirklich dreizehn Verse hindurch bleibt der Zusammenhang ununterbrochen. Aber lassen Sie uns doch genauer zusehen, was für eine Bewandtnis es eigentlich hat mit dieser Besserung. Die Frage, ob πιστὸς ὁ λόγος zum vorigen als Schluss gehört nach Chrysost., oder zum folgenden als Anfang, wollen wir unentschieden lassen, und uns nur gleich an das be- gehrte Bischofsamt halten. Vergleichen Sie nun die Eigenschaften, die von einem solchen V. 1—7 gefordert werden, mit Tit. 1, 5—9, so finden Sie die genaueste Übereinstimmung nicht nur in der ganzen Physiognomie, sondern auch in den Einzelheiten. In der angezogenen Stelle schliesst sich der Anfang der Beschreibung durch die Wendung εἴ τις ἐστίν. κ. τ. λ. an die Aufgabe selbst an; diese Wendung wird aber bald verlassen, und des- halb fängt unserer lieber gleich mit dem Δεῖ οὖν an statt des Δεῖ γάρ. Sonst lässt er nichts bedeutendes aus, sondern fasst höchstens einige Prädikate unter einige andere ihm geläufigere Worte zusammen, setzt auch ausser dem schon gerügten νεόφυτον, was wohl nur später ein Kanon gewesen sein kann, nichts hinzu, als einige schlechte Wiederholungen, so dass es mich auch nicht wundern sollte, wenn er auch dem μὴ αἰσχροκερδῆ aus Tit. 1, 7 noch sein eignes ἀφιλάργυρον hinzugefügt hätte. Dagegen aber scheint er einiges aufgenommene nicht richtig verstanden, oder wenn auch das, doch ein klein wenig in seine eigene Zeit hineingebeugt zu haben. Die Worte nämlich μιᾶς γυναικὸς ἀνήρ Tit. 1, 6 haben wir nicht die mindeste Ursache anders als von der eigentlichen Polygamie zu verstehen, und jedermann muss dem Theodoret p. 653 beipflichten, dass Paulus sonst nirgends die zweite Ehe verdammt, und die ganze Beschreibung hier giebt uns auch nicht das mindeste Recht anzunehmen, dass er für den ἐπίσκοπος noch eine eigentümliche Heiligkeit nebenbei gefordert habe. Können Sie aber in unserem Briefe die Worte eben so verstehen? Nicht füglich, wenn Sie anders darin mit mir einig sind, dass man unsere Worte und die Worte ἑνὸς ἀνδρὸς γυνή Kap. 5, 9 auf einerlei Weise verstehen muss, wie Sie doch hoffentlich sein werden. Denn von einer eigentlichen Polyandrie ist doch nirgends die Rede gewesen in jenen Gegenden. Wer aber in beiden Stellen nur den Ehebruch will angedeutet finden, der gebe nur der Wahrheit die Ehre, und gestehe, dass ihm bei der ersten Stelle die Auslegung nicht eingefallen ist, sondern nur bei der zweiten, und dass er sie nur annehmlich findet, als ein Mittel, die Widersprüche zu heben, nicht aber meint, es werde natürlicherweise so gesprochen, da Paulus weder μοιχεια noch πορνεια sich scheut auszusprechen. Vielmehr wird gewiss jeder, der unseren Brief unbefangen für sich liest, und an keine Aufgabe denkt, ihn mit sonst etwas als nur mit sich selbst in Harmonie zu bringen, hier gewiss ein Verbot der zweiten Ehe finden, und zwar nicht ein allgemeines, sondern nur für die, welche nach kirchlichen Ämtern streben. Dies ist nun offenbar nicht paulinisch, sondern steht in der Mitte zwischen der paulinischen Praxis und der späteren, wo man von einem Bischof als besondere Heiligkeit verlangte, er solle sich der Frau enthalten. Eben so mit Hindeutung auf eine etwas spätere Zeit unterscheidet sich auch in der Absicht der Kinder unser Brief von dem an den Titus. Denn die Worte des letzteren τέκνα ἔχων πιστά sind kaum anders zu verstehen, als der Presbyter solle nicht Kinder haben, welche sich nicht zur christlichen Gemeine halten, was natürlich vielerlei Unannehmlichkeiten und Missverhältnisse fast notwendig hervorbringen musste. Unser Brief weiss hiervon nichts, wiewohl die Vorsicht nötig gewesen wäre an einem Orte, wo sich bedeutende Feindschaft gegen das Christentum gezeigt hatte. Allein freilich zu einer Zeit, wo es schon leicht war, alte Christen zu wählen, verstand sich dieses von selbst und bedurfte keiner Erwähnung mehr. Was sagen Sie aber dazu dass unser Brief aus der einen Beschreibung zwei macht, eine des ἐπισκοπου und noch eine des διάκονος, zu den Verdoppelungen, die wir schon im einzelnen rügten, nun noch eine im grossen? und wahrlich eine ganz ähnliche! Denn das διίογος und etwa sonst noch eine wenig bestimmtes aussagende Phrasis ausgenommen, finden Sie doch auch hier nichts, was die vorige nicht auch enthielt, am allerwenigsten aber etwas auf das eigentümliche Geschäft der Diakonen sich beziehendes, die ja mit dem μυστήριον τῆς πίστεως grade am wenigsten zu thun hatten. Wollen Sie dies für paulinisch halten? Auch nur neben dem Brief an den Titus, wo die Vorschriften für die Geschlechter und Alter so charakteristisch sind, diesen armseligen Aufwand an Wiederholung für paulinisch? Vielmehr muss man sagen, der Verfasser hat nicht einmal Aufmerksamkeit genug angewendet, um aus der allgemeinen Beschreibung im Briefe an den Titus — denn in den angehenden kleinen Gemeinen auf Kreta fand Paulus vielleicht noch nicht einmal ratsam, beides zu sondern — die rechten Merkmale, wie φιλόξενος, φιλάγαθος δίκαιος, für den Diakonos aufzusparen. Und hier, wo der Verfasser einen eigenen Zusatz ausspinnt, scheint auch der Zusammenhang gleich einen argen Stoss zu bekommen durch die Art, wie die Frauen plötzlich zwischen eingeklemmt werden. Doch ist es damit so arg nicht, wenn man nur nicht Diakonissinnen versteht unter diesen Frauen, was schon deshalb, weil weiter unten von jenen ausführlich gehandelt wird, nicht wohl angeht, und auch hier, weil doch die Diakonen gleich wieder kommen, allzuschlecht stände; sondern nur von Frauen der Diakonen, und also auch von einem Attribut der letztern ist die Rede, aber freilich auch das schlecht genug gestellt, da es ja eben so von den Frauen der Bischöfe gelten muss. — Aber nachdem er sich dreizehn Verse hindurch gehalten, bricht nun auch der Unzusammenhang desto kräftiger hervor, und wir stossen uns nun fast an jedem Worte. Zuerst kommt uns ein Vorsatz des Verf. entgegen, bald nach Ephesus zurückzukehren, den Paulus zu der Zeit, wo er den Brief geschrieben haben müsste, gar nicht haben konnte, und bei dem, wenn er ihn hatte, die meisten der eben gegebenen Vorschriften unnötig waren, und mehr ins blaue hinein für die Zukunft, als für den Timotheus berechnet. Dann ist doch in allem bisherigen gar wenig von dem πῶς δεῖ ἐν οἴκῳ θεοῦ ἀναστρέφεσθαι, und dies selbst wäre eine ungenügende Überschrift für die Lehren, die dem Oberaufseher und Anordner einer Gemeine zu geben sind. Und nun erst, wenn wir an V. 16 gehn, wird alles lose und jede Verbindung höchst ungewiss. Zuerst die Worte στῦλος καὶ ἑδραίωμα τῆς ἀληθείας ziehen die Alten alle zum vorigen als Beschreibung der ἐκκλησία θεοῦ Und gewiss ganz recht; denn es wäre sehr wunderlich, eine einzelne Wahrheit, wie doch das folgende ist, die Stütze aller Wahrheit überhaupt zu nennen. Und auch grammatisch lässt sich wohl nicht mit zwei Prädikaten wie στῦλος und ἑδραίωμα die dritte bloss adjektivische Bestimmung ὁμολογουμένως μέγα in eine Reihe stellen; sondern jeder, auch der schlechteste würde sagen, denn die Stütze aller Wahrheit ist dieses eingestanden grösste Geheimnis u. s. w. Daher muss man offenbar bei ἀληθείας interpungieren, wodurch denn freilich das folgende sehr kahl gerät, dass von diesem μυστήριον, auf dessen Darstellung so viel Fleiss gewendet ist, nichts weiter gesagt wird als es sei ὁμολογουμένως μέγα. Allein was will das kahle sagen gegen die weit grössere Schwierigkeit, wie wohl die Stelle hierher kommt, und was sie hier soll. Sollen wir sie noch als Anhang ansehn zu dem Schluss, so steht sie mit allem bisherigen in noch geringerer Verbindung, als das ἐν οἴκῳ θεοῦ ἀναστρέφεσθαι, und niemanden wird wohl befriedigen, was Theodoret sagt: ταῦτα περὶ τῆς ἐκκλησίας εἰπὼν ἀναγκαίως τὸν δογματικὸν παρεισήγαγε λόγον. Will man sie aber als Anfang des folgenden im vierten Kapitel abgehandelten ansehen, so will das — abgerechnet die grammatischen Schwierigkeiten, die schon erwähnten, wenn man bei στύλος, und andere wenn man bei καὶ anfängt — auch sonst gar nicht gehn. Sehen Sie nur Heinrichs an, der diese Sache führt. Wenn Paulus V. 16 als Einleitung zu dem folgenden geschrieben hätte, um die Hauptlehre aufzustellen, von welcher die Verführer abweichen würden, so müsste doch die weitere Beschreibung damit übereinstimmen; das folgende aber enthält nichts auch nur irgend gradezu gegen den Inhalt von V. 16 angehendes. Besser doch Theodoret, der V. 16 als Schluss ansieht, und meint, bei dem ἀνελήφθη ἐν δόξῃ habe Paulus die Ketzereien des Valentinus und Manes, welche unter andern auch die ἀνάληψις τῆς σαρκός leugneten, prophetisch vorausgesehn, und so knüpfte sich das folgende an, worin diese auch nach andern Hauptpunkten beschrieben wurden. Nur uns kann das auch sonst nicht befriedigen, wenn wir auch erst wüssten, wie es sich als Schluss zum vorigen schickt. So sind wir denn ratlos über die Verbindung unseres Verses mit dem vorigen und folgenden: aber auch seine innere Anordnung ist nicht besser. Denn dass eine Aufzählung wie diese auch historisch gestellt sein will, muss jedem einleuchten. Wie kommt nun also die Himmelfahrt hinter die Verkündigung Christi unter den Heiden? Als Beweis, wie Theodoret meint, dass der Verkündigung mit Recht geglaubt worden, weil, der sie angeordnet, im Himmel ist und zur rechten sitzt? Zu diesem Beweise gehört ja aber wohl das *ἐδικαιώθη ἐν πνεύματι* auch? damit reichen wir also nicht weit. Was das ganze eigentlich sein mag, gestehe ich gern, nicht zu wissen. Irgendwoher genommen oder imitiert ist es gewiss. Nur sonderlich poetisch, dass es aus einem Hymnus sein könnte, finde ich es nicht; eher möchte ich glauben, es sei aus einer *ὁμολογία* oder sonst einer symbolischen Formel. Darum möchte es schwer sein, hier alles genau aufs reine zu bringen, auch das *ὤφθη ἀγγέλοις*, wenn Sie nicht dabei an die Erscheinung Christi unter den Aposteln denken wollen. Der wenigstens scheint mir zu bedauern, dem es gar leicht entfahren kann zu sagen: *ὤφθη ἀγγέλοις* wenn er eigentlich sagen will: *οἱ ἄγγελοι ὤφθησαν αὐτῷ* Doch lassen Sie uns das übergehen! ich will ohnedies froh sein von den grossen Unzialbuchstaben, mit denen, ich weiss nicht wozu, dieses *μυστήριον* in dem Heinrichschen Texte kundgemacht wird, loszukommen.

Nachdem nun unser Verf. seiner bisherigen Rede einen pathetischen Schluss aufgesetzt hat, wie ihn Paulus bisweilen macht, wo er einen grossen Gegenstand zu Ende gebracht hat, so sollte man denken, es müsse nun etwas ganz neues angehn. Es fängt auch freilich die zweite Hälfte des Briefes an, allein sie behandelt mehr oder weniger die alten Gegenstände. Hier sind wir nun wieder bei Irrlehrern; allein bei was für welchen, das ist die Not zu bestimmen, wo auf eine so höchst verdriessliche Art zukünftiges und gegenwärtiges unter einander geworfen wird. Denn soviel ist doch offenbar, dass der Anfang des vierten Kap. ohne die grösste grammatische Gewaltthätigkeit nicht anders verstanden werden kann, als von etwas damals, als der Brief geschrieben worden sein soll, noch zukünftigem. Keinem Alten ist auch etwas anderes nur eingefallen, und ich würde es für verdorbene Zeit halten, die Exposition zu widerlegen, die Heinrichs giebt, und die darauf beruht, der Apostel habe gemeint, jene früher geweissagten ὕστεροι καιροί wären nun schon da. Und gewiss wäre es auch verlorene Mühe; denn wer so lose Dinge behaupten kann, den kann man auch schwerlich bei etwas festhalten, um ihn zu widerlegen, Dass Paulus um diese Zeit die Wiederkunft Christi nicht mehr für so nahe bevorstehend gehalten, dass die letzten Zeichen schon eingetreten sein müssten, das liesse sich leicht zeigen, aber freilich nicht ganz kurz, und es gehört auch weniger hierher. Denn nahe oder fern, von etwas zukünftigem redet er anfänglich, und wir müssen uns wundern, V. 7. schon wieder bei den Abweichungen zu sein, die vorher als das schon vorhandene geschildert wurden, und zwar ohne dass der Verf. nur durch irgend ein paar Worte den Unterschied der Zeiten andeutete. V. 6, der eben die Vorschriften in Absicht des künftigen zu enthalten scheint, an die er unmittelbar die für das gegenwärtige anknüpft, ist auch sehr unbestimmt und vieldeutig. Geht das ταῦτα nur auf die Belehrung V. 4 und 5: so ist diese freilich auch den damaligen Irrlehren schon entgegengesetzt, und es bedurfte, um sie zu motivieren, gar nicht der Erwähnung des künftigen. Geht es auf die

Weissagung V. 1—3, zu der ohnedies V. 4 und 5 nur ein Zusatz ist, so können Sie die Worte ταῦτα ὑποτιθέμενος nicht anders verstehen, als: indem du nun diese Warnung vor der Zukunft fleissig einschärfst, wirst du ein καλὸς διάκονος des Herrn sein, was in der That so frostig ist als möglich, und wozu sich der Zusatz ἐντρεφόμενος besonders gar nicht schicken will. Daher wohl Chrysost. und nach ihm Ökum. es ausser beidem auch noch auf die Verkündigung des μυστήριον 3, 16 beziehen; allein wie gezwungen dies ist, und wie unnatürlich dann der Nachdruck und der ganz neue Anhang und die Wendung τὸ δὲ πνεῦμα ῥητῶς λέγει herauskomme, sieht jeder. Aus V. 1—5 aber eine Parenthese zu machen und V. 6 unmittelbar an 3, 16 anzuknüpfen mit Heinrichs, dem widersetzen sich schon die Worte ταῦτα ὑποτιθέμενος und noch mehr V. 7, und es wird auch sonst hoffentlich niemandem gefallen. Kurz, von Paulus geschrieben verstehe ich dies wieder nicht; aber sehr gut verstehe ich es von einem zusammenstoppelnden Nachahmer. Vergleichen Sie nur 2. Tim. 3, 1 flgd.; so erklärt sich Ihnen alles. Denn in Paulus Person redet unser Verf. vom zukünftigen, in seiner eignen aber, die er nicht ganz zu entfernen versteht, vom gegenwärtigen; daher läuft beides so durch einander. Auch konnte er nur so anfangen, wie der wahre Paulus, aber nicht so fortfahren. Denn Paulus wollte den Timoth. nur ermahnen zur Beharrlichkeit in seinem Amte unerachtet jener Aussicht auf gewaltige Verführer in der Zukunft, ἀλλ' οὐ προκόψουσιν ἐπὶ πλεῖον; unser Verf. aber hatte ihn ausdrücklich zurückgelassen, um gegen die Irrlehrer zu streiten. Darum kann er auch dieselben Züge nicht brauchen, sondern hält sich lieber an dasjenige aus den vielfältigen Weissagungen über den grossen Abfall, was sich an das von ihm schon als gegenwärtig beschriebene anschliesst; daher finden wir auch hier wieder nur Züge der judaisierenden, hier vielleicht etwas mehr essenisch, wie dort etwas mehr pharisäisch. Denn die Worte διδασκαλίας δαιμονίων, ein Ausdruck, der sich mehr in der johanneischen Schule gebildet haben mag, als er mir eigentlich paulinisch zu sein scheint, heissen doch nur eine Lehre, die vom Teufel herkommt ohne einen Inhalt zu bezeichnen, und selbst die Alten, die hier eine Weissagung auf Gnostiker sehen, verstehen sie nicht anders. Darum lassen Sie uns das ταῦτα V. 6 immer nur auf das nächste V. 4 und 5 beziehen, unser Mann verlangt es gewiss nicht besser; und vergessen Sie überhaupt bei V. 6 nicht 2. Tim. 3, 10, 14. Wenn Sie nun weiter sehen, wie lose an dem lezten Zusatz V. 8 die folgenden V. 9—11 hängen, und wie sich das παράγγειλε ταῦτα καὶ δίδασκε so bald und unbeholfen wiederholt nach dem ταῦτα ὑποτιθέμενος, noch dazu ohne dass auch nur irgend etwas besonderes inzwischen wäre beigebracht worden; und wenn Sie sich wundern, da doch das σωτήρ V. 10 natürlich auf die ζωὴ μέλλουσα mit gehen muss, wie es wohl mit dem πάντων ἀνθρώπων μάλιστα δὲ πιστῶν beschaffen sein mag, da ja nach Paulus nur die πιστοί und gar kein anderer in das ewige Leben können gerettet werden, und endlich wie und durch welche Gedankenverbindung das μηδείς σου τῆς νεότητος καταφρονείτω wohl hierher gekommen sein mag: so bin ich nicht derjenige, der Ihnen diese Rätsel anders lösen kann, als indem ich Sie bitte, auf den Brief an den Titus hinüber zu sehen, wo Sie alles auf einem Blatte beisammen finden. Das ταῦτα λάλει καὶ παρακάλει — — μηδείς σου περιφρονείτω 2, 15 ist eine so auffallende Ähnlichkeit, dass Sie hieraus allein schon schliessen müssen, ich führe Sie recht. Nun endigt sich hier allerdings eine Reihe von Ermahnungen, die Paulus dem Titus für seine Gemeinen an die Hand giebt, an Personen von allen Altern und Ständen, so dass Sie das μηδείς σου περιφρονείτω, noch dazu vorbereitet durch das μετὰ πάσης ἐπιταγῆς, hier gewiss an seiner Stelle finden. Unserer hat nun, was im ganzen nicht sonderlich passt, wenigstens im einzelnen passender machen wollen durch Hinzufügung der ihm bekannten νεότης. Hier haben Sie auch 2, 10. 11 den σωτὴρ θεός und die χάρις σωτήριος, welche πᾶσιν ἀνθρώποις erschienen ist, freilich die παιδεύουσα ἵνα σωφρόνως ζήσωμεν ἐν τῷ νῦν αἰῶνι, und freilich heisst πᾶσιν ἀνθρώποις hier in Beziehung auf V. 9 Menschen von allen Ständen ohne Ausnahme. Wie das nun unserer ohne Überlegung herübergetragen hat in eine andere Verbindung, wodurch die σωτηρία eine andere wird und das mit herübergenommene πάντων ἀνθρώπων nicht mehr passt, so macht er auch mit weniger Überlegung jenen Zusatz, der den Fehler gut machen soll und es doch nicht kann. Im folgenden finden Sie wieder, wenn auch wörtlich wenig zu brauchen war, wenigstens ganz die Physiognomie von 2. Tim. 3, 10. 14, und 4, 2. 5, wo die Stimmung und der Zweck des Apostels sehr natürlich jene gehäuften Imperative herbeiführen, die in unserer Stelle so wenig Bedeutung haben und fast nur als Lückenbüsser erscheinen können.

Doch verlassen wir den sehr unerfreulichen Abschnitt, um uns zu dem folgenden zu wenden. Wenn ich auch von diesem das vorhergesagte will geltend machen, dass hier nur wieder die alten Materien abgehandelt werden: so meine ich es, teils weil in mancherlei Beziehungen gezeigt wird, wie nun Timotheus selbst jene einem ἐπίσκοπος zukommenden Eigenschaften beweisen solle, teils weil auch noch von Einsetzung und Behandlung der kirchlichen Personen die Rede ist. Indess unterscheidet sich dieser Abschnitt sehr von allem bisherigen, indem er freier von Spuren des ausgeschriebenen und nachgeahmten, bei weitem das meiste eigene enthält, und für mich wenigstens den eigentlichen Kern des ganzen bildet. Aber auch in diesem werden Sie dieselbe Nachlässigkeit in der Anordnung, dasselbe Verlassen des Gegenstandes und Zurückkehren zu demselben finden; so dass wir schliessen müssen, der Verf. produziere hier eben so wenig als dort, wo wir bestimmt nachweisen konnten, woher er und warum grade so dies und jenes zusammengerafft hatte. Doch ehe ich Ihnen dies nachweise, lassen Sie uns erst über die Auslegung einiger Stellen uns vereinigen. Kap. 5, 1. 2 ist offenbar von dem Betragen des Timotheus die Rede gegen verschiedene Personen, ältere und jüngere, Männer und Frauen. Können Sie nun wohl hier bei V. 3 etwas neues angehen lassen wie Theod. will: εἶτα πάλιν ἀναλαμβάνει τὴν περὶ τῶν ἐκκλησιαστικῶν ταγμάτων διδασκαλίαν, und können Sie sich die Veranlassung hier abzuspringen denken? Schliesst sich nicht vielmehr dieser Vers ganz genau an das vorige an, und können Sie also das τιμᾶν in Bezug auf die Witwen anders, als auch vom Betragen verstehen: halte sie in Ehren? und wenn nur dies gemeint sein kann, folgt nicht notwendig, dass wir ὄντως χήρα verstehen müssen: die rechte Witwen sind der Gesinnung nach? Mir wenigstens scheint hier die Stellung durchaus nur diese Auslegung beider Ausdrücke zu gestatten. Allein wenn mir auch Ihr Gefühl, wie ich erwarte, gleich beistimmt und nicht leiden will, das τιμᾶν von der ἐκκλησιαστικὴ θεραπεια und ὄντως χήρα von denen, quae omni sucrum auxilio destitutae sunt, zu verstehen, so muss ich mich doch noch rechtfertigen, weil eben dieses doch die Auslegungen des Theod. und Hieron. (Ep. XCI. p. 742 advers. Jovin. 1. p. 159 Ed. Paris. 1706) sind, und fast aller Alten; denn auf Chrys., der beides mit einander verbinden will und nicht wenig in Verwirrung ist, möchte ich mich hier nicht eben berufen. Man beruft sich wegen τιμᾶν auf V. 17, wo der Sinn von διπλῆ τιμή aus den Anführungen V. 18 hervorgehen soll, dass es von dem maiori stipendio zu verstehen ist. Ich kann das gar nicht, und am wenigsten, wenn der Brief paulinisch sein soll, glauben. Wird nicht, wenn von einer Besoldung die Rede sein soll, das διπλῆ gleich ganz buchstäblich? und wer soll denn bestimmen, ob einer ein καλῶς προεστώς ist? und sollte dem Apostel eingefallen sein, die Güte der Amtsführung gleich in Geld auszuwerfen? ist nicht vielmehr die Achtung ein weit natürlicherer Lohn der Arbeit an den Gemütern als das Geld? und können nicht beide Anführungen auch so ausgelegt werden? Ein anderes wäre noch, wenn man es von freiwilligen Geschenken verstände, wozu die Gemeine ermuntert würde; diese sind Bezeigungen der

Achtung, die dann immer der Hauptbegriff bliebe.
Dasselbe kann man aber nicht sagen von dem, was
die Gemeine dürftigen Witwen darreicht, und man kann
also beide Stellen wohl nicht parallelisieren. Eben so
beruft man sich wegen ὄντως χήρα auf V. 16, wo der
Zusammenhang offenbar ergiebt, dass es die von aller
Hülfe entblösste ist. Gut, wenn man aber hier dem
Zusammenhange folgt, warum nicht auch dort? Nämlich eine Witwe bietet vornehmlich diese beiden Ansichten dar, den Mangel an Schutz und Unterstützung
auf der einen, den Mangel an Anhänglichkeit an das
Leben auf der andern Seite, und in jeder von diesen
Beziehungen kann man gleich richtig sagen von einer,
sie ist eine rechte Witwe oder keine, nachdem sich
dies bei ihr findet oder nicht. Nun ist offenbar V. 16
die eine Beziehung die herrschende, V. 3 aber die
andere. Verhält sich nun dies so, so haben wir den
Gegensatz zu ὄντως χήρα nicht V. 4 in der zu suchen,
welche Kinder hat, sondern erst V. 6 in der σπαταλῶσα;
in den vorhergehenden Versen aber wird eben die
ὄντως χήρα in zwei Verhältnissen dargestellt, um zu
zeigen, wodurch sie der Ehre wert wird, wenn sie
kinderbegabt ist und wenn einsam. So dass μεμονωμένη
nicht Erklärung ist, sondern nähere Bestimmung, von
der äusseren Unterstützung aber erst in V. 5 geredet
wird, der sich auch hinlänglich absondert und also wohl
von der Sorge der Verwandten für die Witwen reden
muss, nicht umgekehrt, sonst hätte er sich zu sehr mit
Unrecht von V. 4 abgesondert. Wie aber nun? handeln
V. 9 flg. auch noch von der Unterstützung, und heisst
καταλεγέσθω sie soll eingetragen werden in das Verzeichnis

derer, welche die Gemeine unterhält? Dies ist die durchaus herrschende Erklärung, aber tausend Dinge sprechen dagegen. Soll nur die unterstützt werden, welche Kinder erzogen hat? welche Fremde aufnehmen und Dürftigen helfen konnte? Deuten nicht diese Forderungen vielmehr, wenn man nicht künsteln will, auf einen früheren Wohlstand, der doch in der Regel durch die Witwenschaft nicht bis zur Bedürftigkeit konnte verloren gehen? Weiter, sollen die jungen Witwen bloss deswegen aller Unterstützung entbehren? Denn das παραιτοῦ steht doch offenbar in genauer Beziehung auf das καταλεγέσθω. Freilich, sagen Theod. und Hieron., denn sie sollen arbeiten. Davon steht aber nichts hier, sondern es wird ihnen nur das Heiraten angewiesen, was doch nicht ganz von ihnen abhängt. Ja blickt nicht auch bei der Beschreibung der jungen Witwen und ihrer Fehler die Wohlhabenheit ganz deutlich durch? Lassen Sie uns also unsere Erklärung auf zwei Stellen gründen, die sich offenbar auf die unserige beziehen. Sozom. VII, 16: Τὰς γυναῖκας εἰ μὴ παῖδας ἔχοιεν, καὶ ὑπὲρ ἑξήκοντα ἔτη γένοιντο, διακονίαν θεοῦ μὴ ἐπιτρέπεσθαι, κατὰ τὸ τοῦ Ἀποστόλου Παύλου ῥητὸν πρόσταγμα. Es ist von einem Gesetz die Rede, welches die ursprüngliche Anordnung erneuern sollte, und sich auch noch findet Cod. Theod. L. XVI. Tit. II. Lex XXVII. Nulla nisi emensis sexaginta annis, cui votiva domi proles sit, secundum Apostoli praeceptum in Diaconissarum consortium recipiatur. Der Verfolg zeigt deutlich, dass hier von Witwen die Rede ist, und dass keineswegs bedürftige, sondern eher begüterte vorausgesetzt werden. Und wenn Ihnen dies allein noch nicht deutlich genug ist, Basil. ep. can. c. 24: Χήραν τὴν καταλεγείσαν εἰς τὸν ἀριθμὸν τῶν χηρῶν, τουτέστι τὴν διακονουμένην ὑπὸ τῆς ἐκκλησίας ἔκρινεν. Ἀπόστολος γαμουμένην παροράσθαι. Hier haben Sie ordentlich unser καταλέγεσθαι als technischen Ausdruck erklärt, und gewiss auch die Glosse bei Ökum.: φασὶ δὲ τὰς εἰς τὸ χηρικὸν τεταγμένας λέγειν, und werden nun gewiss alle Forderungen an eine Diakonissin sehr vernünftig finden, auch hinreichend, dass den jüngeren das γαμεῖν angewiesen wird, da es schon als Bestimmung sie von jenem Amte ausschloss. Nämlich es erhellt nun ganz von selbst, die Einrichtung, die unser Brief vor Augen hat, war, dass diejenigen Witwen, welche sich in das Verzeichnis der Diakonissen eintragen liessen, eine beständige Witwenschaft versprachen, wenigstens stillschweigend, weil ihnen ein Ehrenamt in der Kirche über alles gehen musste, und sich dies doch mit den Geschäften einer verheirateten Frau nicht vertrug. Dieses Versprechen ist auch gewiss unter der πρώτῃ πίστις zu verstehen. Dass unser Verf. keine δευτερόγαμος dazu nehmen will, kennen wir schon an ihm, und unter den mancherlei Gründen, warum die Diakonisse auch Kinder sollte auferzogen haben, lag ihm gewiss der aus Kap. 2, 15 am meisten am Herzen. Dass Theodor. und Hieron. hiervon nichts wissen wollen, erklärt sich aus den Schicksalen dieser Einrichtung, indem bald teils im zweiten, teils im dritten Jahrhundert die Witwen durch die Jungfrauen verdrängt wurden, und erst unter Theod. die alte Sitte zum Teil wieder erneuert werden sollte. Können Sie sich aber diese Einrichtung ganz so schon in der apostolischen Zeit denken? und mit einem solchen Ausdruck wie das καταλέγεσθαι schlechtweg bezeichnet? und so, dass jene

Bedingung der ewigen Witwenschaft schon etwas lange feststehendes muss gewesen sein, auch in einer Gemeine, die erst seit drei Jahren gestiftet war? und nun gar in einer solchen, deren Ältesten, wie man meint, erst sollten bestellt werden? Wahrlich, dies hat die höchste Unglaublichkeit, und gehört meinem Gefühl nach zu den entscheidendsten Spuren, dass unser Brief einer späteren Zeit angehört. Und nun betrachten Sie recht die gewohnte schlechte Anordnung. Mit dem Betragen des Timotheus gegen verschiedene und unter verschiedenen Umständen fängt das Kap. an, V. 17—20 finden Sie wieder dahin gehöriges, aber V. 9—15 ist nun recht ad vocem χήρα diese ganze Stelle von den Dienerinnen eingeschoben, die eigentlich oben hin gehört hätte, wo von den Eigenschaften der Ältesten und Diener die Rede war. V. 16 ist wieder eine Wiederholung von V. 8, eben so lose angehängt, aber gar nicht undienlich, weil V. 8 etwas unbestimmt und dunkel war. Und V. 22 ist nun wieder ein neuer Nachtrag, die Anstellung der Ältesten betreffend, wie wenigstens alle Alten es auslegen. Dieses überhaupt auch für einen Brief zu nachlässige und auf keine Weise paulinische Verfahren erklärt sich kaum anders, als aus der Ungeschicktheit, das zusammengetragene und das eigene gehörig zu verbinden. In den letzten Versen ist noch eine merkwürdige Verwirrung, über die ich Ihnen doch auch beiläufig meine Meinung geben möchte. Heinrichs Erklärung von V. 22 vom wunderthätigen Heilen wird wohl niemand annehmen, bis er zeigt, dass der Ausdruck χεῖρας ἐπιτιθέναι ganz für sich hievon gebraucht wird, sondern wir müssen es mit den Alten von der

Einsetzung in Kirchenämter erklären. Nun aber suchen die Alten V. 24 und 25 hiemit zu verbinden, was nicht nur ohne die grössten Künsteleien nicht abgeht, sondern wo zwischen dann auch V. 23 als Parenthese gar nicht zu verstehen ist. Theod. fertiget es kurz ab: εἶτα καὶ σύμμετρον τῷ σώματι προσφέρειν θεραπείαν κελεύει, und dann wieder εἶτα τὸν περὶ τῆς χειροτονίας ἀναλαμβάνει λόγον. Aber wie kann nur auch der schlechteste darauf kommen, so zu schreiben! Mir scheint daher, dass V. 24 und 25 nicht zu V. 22, sondern zu 23 gehören. Nämlich Paulus, so wird vorgestellt, giebt nun dem Timotheus einen Rat auch über das Betragen gegen sich selbst. Der Mann muss wohl gefühlt haben, dass eine Partikularität not that; wenn sie ihm nur besser geraten wäre! Nun soll die Kränklichkeit angesehen werden als eine Folge seiner Anstrengungen, und Paulus ihn darüber beruhigen, eigentlich das letzte sagen wollend: nicht alle guten Werke würden gleich offenbar durch Belohnungen, allein immer könnten sie doch nicht verborgen bleiben, dieses aber vorher, was Paulus auch wohl thut, er macht es aber geschickter, durch den Gegensatz: auch manche Sünden führten die Menschen gleich zu Gericht, andere aber folgten erst spät nach damit. erläutert. Sis sehen, ich setze τὰ ἄλλως ἔχοντα V. 25 nur dem πρόδηλα entgegen, nicht etwa dem κατὰ ἔργα, und aus diesem Gegensatz werden Sie mein eingeschaltetes immer gewiss leicht herausnehmen.

Im letzten Kapitel haben Sie nun noch eine rechte Fülle von Unzusammenhang, von Wiederholungen, von gehäuften Formeln, die grosse Ansprüche machen und wenig besagen, recht wie es denen geht, die ohne

Not und Beruf reden, und eben weil sie keinen rechten Zweck haben, auch das Ende nicht finden können; zumal unserer, der aus den beiden Briefen, die er einmal vorzüglich im Auge hat, nicht genug anbringen kann und immer noch etwas nachzutragen findet. Auch muss ich gleich für den Anfang das vorhergesagte zurücknehmen, dass hier nur alte Gegenstände behandelt würden; denn die Verhaltungsregel für die Knechte ist in der That etwas neues und ganz neuer Art, da der Verf. es vorher nur mit Regeln für den Timotheus zu thun hatte. Allein durch die Wendung, die er diesen gab, hatte er sich so herangeschrieben; und was das beste ist, so fand er es Tit. 2, 10 nur mit einer aus V. 5 zu Hülfe genommenen Redensart, an einer Stelle, wo er vorher schon dicht vorbeigestreift hatte. Hätte er nun nur gleich die ähnliche Regel an die Reichen unten V. 17. 19 mit dazu genommen! Und glauben Sie denn, dass Paulus eigentlich Reiche in der Gemeine zu Ephesus gehabt hat? Die Geschichte des Auflaufes sieht nicht so aus, und seine vornehmsten dort erwähnten Bekannten waren nicht einmal Christen. Unserm Verf. also fiel diese Regel an der rechten Stelle noch nicht ein; sondern als wollte er im Brief an den Titus fortfahren und könnte nun das dazwischenliegende nicht brauchen, wie es sich denn auch nicht füglich herausreissen lässt, springt er von Tit. 2, 15 auf 3, 9. Oder wenn Sie besser zu erklären wissen, wie er nun zum dritten Mal auf das $\dot{\epsilon}\tau\epsilon\rho o\delta\iota\delta\alpha\sigma\varkappa\alpha\lambda\epsilon\tilde{\iota}\nu$ kommt, soll es mir lieb sein. Von da nimmt er nun wieder einen gar erkünstelten Übergang; denn das, $\nu o\mu\iota\zeta\acute{o}\nu\tau\omega\nu\ \pi o\rho\iota\sigma\mu\grave{o}\nu\ \epsilon\tilde{\iota}\nu\alpha\iota\ \tau\grave{\eta}\nu\ \epsilon\dot{\upsilon}\sigma\acute{\epsilon}\beta\epsilon\iota\alpha\nu$, wiewohl es einen

Vorwurf ausspricht den Paulus den Judaisirenden wohl macht, passt doch nur schlecht zu der gegebenen Schilderung, welche gar nicht auf etwas absichtliches deutet, und scheint nur da, um die Brücke zu machen zu dem folgenden V. 6—10, was wieder zu dem eigentümlichen des Verf. zu gehören scheint, so sehr solche Gemeinsprüche eigen sein können; denn keiner alttest. oder apokr. Stelle kommt es nahe genug, um gradezu für entlehnt zu gelten. Im Gegensatz nun zu der φιλαργυρία war eigentlich eine Ermahnung an den Timoth. ganz überflüssig; denn Paulus konnte wohl keinen, der dieser noch bedurfte, auf eine solche Weise brauchen. Ganz anders war es mit den νεωτερικαῖς ἐπιθυμίαις 2. Tim. 2, 22; denn aus dieser Stelle, in deren Nähe sich unser Verf. auch schon einmal befunden hat, ist offenbar das folgende epitomiert, nur dass Sie auch mit 4, 5. 7 allerlei Ähnlichkeit finden werden, und sich wohl am besten aus Übertragung dieses Verses die schlechte Redensart ἐπιλαβοῦ τῆς αἰωνίου ζωῆς erklären können. Die wunderliche Anrede ὦ ἄνθρωπε θεοῦ, deren sich Paulus nie bedient, ist entweder gedankenlos oder durch einen Missverstand, als ob dort Timotheus allein gemeint gewesen wäre, aus 2. Tim. 3, 17 entstanden. Und nun sehen Sie nur, wie wenig die gehäuften Imperative, die in jenem Briefe bei der dort herrschenden Stimmung ganz natürlich sind, hier bedeuten! wie ganz ohne Veranlassung die Beschwörung V. 13 hier steht, da wir die ähnliche 2 Tim. 4, 1 so ganz an ihrer Stelle finden! und wie wenig wiederum mit ihr die prächtige, in eine Doxologie ausgehende Beschreibung Gottes zusammenhängt! Letztere habe ich übrigens in Verdacht, dass sie irgendwoher entlehnt sei; ich fühle in der ungewöhnlichen Redensart ἐπιφάνειαν δείξει das zusammengeschweisste ganz bestimmt. Diese Stelle nun möchte eher aus einem Hymnus sein, in dem sich das φῶς οἰκῶν ἀπρόσιτον am ersten denken lässt. Aus demselben sind vielleicht auch in der Apokalypsis die Formeln ὁ βασιλεὺς τῶν βασιλέων, ὁ κύριος τῶν κυρίων. Ob nun übrigens mit dieser Doxologie der Verfasser eigentlich habe schliessen wollen, das möchte schwer zu entscheiden sein, und möchte wohl gegen sich haben, dass eine andere fast eben so nahe dem Anfang steht, als diese dem Ende, dass, was noch vorkommt, dem Verf. sehr am Herzen zu liegen scheint, und dass er sich V. 17 ganz im Zusammenhang befindet mit V. 10, wo ihn die unzeitige Ermahnung an den Timoth. unterbrochen hatte. Bei dem ποιήσαυρίζειν θεμέλιον würde ich mich, wenn ich paulinisches vor mir zu haben glaubte, nicht so leicht beruhigen wie Heinrichs; denn so verwirrt schweben dem Apostel die Bilder nicht vor. Der Anfang von V. 20 ist offenbar aus 2. Tim· 1, 14, nur dass das παραθήκη dort im Zusammenhange deutlich ist, hier aber herausgerissen ganz rätselhaft wird, da man dies keinesweges für ein sehr übliches Bild halten kann, so dass auch Theod. dieselbe Erklärung, die er dort ganz dreist hinstellt, hier nur mit einem οἶμαι ausspricht. Mit diesem ausgeschriebenen musste nun unser Verfasser auch das letzte eigene noch einleiten, was er zu sagen hat. Schwer verständlich ist auch dieses letzte. Denn an die Gnosis der Gnostiker ist wohl nicht zu denken, und Grot. müht sich vergeblich, zu erklären, wie denn doch die ἀντίθεσις hierher käme. Zur Bezeichnung des essenischen aber ist wohl alles eben so untauglich. Sollte er etwa, was Paulus im schlechten Sinne γνῶσις nennt, verwechselt haben mit den rhetorischen Künsteleien, die er durch σοφία ἀνθρωπίνη, σοφία τοῦ κόσμου τούτου zu bezeichnen pflegt, und davor eigentlich warnen wollen? Die βεβήλους κενοφωνίας hätte er dann auch in einem andern Sinne hier herübergenommen. Diese Warnung und die unterbrochene Ermahnung zur Genügsamkeit wären dann das eigene dieses Kapitels, was ebenfalls wie das im vorigen auf eine spätere Zeit hinwiese. Denn die unmittelbaren Schüler des Apostels konnten wohl nicht auf dem Wege einer schlechten Rhetorik sein, späterhin aber konnten sich solche Neigungen in einer Gemeine, wie Ephesus, wohl eben so leicht unter den Lehrern offenbaren, wie mehrere Glieder der Gemeine ein Verlangen danach gehabt zu haben scheinen in Korinth

Froh bin ich, nun glücklich ans Ende mit Ihnen gekommen zu sein. Denn wenn unser Brief auch noch weit länger wäre, so könnten sich nicht mehr Kennzeichen des zusammengetragenen und untergeschobenen vereinigen, oder stärker heraustreten oder sich schneller wiederholen, als wir hier überall gefunden haben, die häufige äussere und wörtliche Übereinstimmung neben der innern Verschiedenheit, in der Sprache, in der Behandlungsweise, in der Denkungsart, das ängstliche Bestreben, wenn auch nur durch Reden von sich selbst, als Paulus zu erscheinen mit dem gänzlichen Unvermögen, einen wirklichen Moment des paulinischen Lebens treffend zu ergreifen oder irgend eine von den

grossen Ideen des Paulus auf eine ihm eigentümliche
Art durchzuführen, vielmehr den gänzlichen Mangel
an Haltung, der sich so leicht erklärt aus dem Mangel
des inneren Berufs, gerade dieses zu sagen, und aus
dem aufgefundenen Gange der zusammentragenden
Nachahmung, bei allem eigenen endlich die merkliche
Verschiedenheit des Sprachvorrates und die nicht un-
deutlichen Spuren späterer Zeit. Hiermit will ich also,
was die Hauptsache betrifft, gesprochen haben, und Sie
mögen nun entscheiden, wie Sie es halten wollen mit
dem Briefe. Ich wünsche, dass ich mich nicht irren
möge, indem ich glaube, Sie werden ihn abweisen. Das
grössere theologische Publikum aber, darin irre ich
mich schwerlich, wird den Brief lossprechen, mich hingegen abweisen und zur Abbitte verurteilen und, Gott
weiss wie, die Kosten der angestellten Untersuchung
von mir beitreiben. Denn sehen Sie nur, nicht nur
ist es doch gar sehr unbequem und ruhestörend, ein
neutestamentisches Buch zu ächten, und ist dies eine
Sache, der niemand so gelassen zusehen kann, wie den
Untersuchungen über die Evangelien, die jetzt so geführt werden; sondern es sehen auch die meisten gerade in diesen Dingen so wenig, dass sie fürchten, wenn
sie erst eines glauben, werde man sie eben so gut
alles andere überreden können. So werden sie denn
sagen, dies sei doch alles nur Mutmassung und Wahrscheinlichkeit und unsicheres kritisches Gefühl, und
wenn man es so weit und spitzfindig herholen wollte,
könnte man wohl den meisten das meiste absprechen.
Das meinen sie, teils weil ihnen auch ein solcher
Brief eben gut genug ist, und sie es selbst nicht ge-

nauer nehmen, teils weil sie meinen, die neutestamentischen Schriftsteller wären nun alle so schlecht und unzusammenhängend, und von einem Styl könnte gar nicht die Rede sein, weil ihre Sprache eben so ungleichförmig wäre als ungebildet. Allein es wird wohl eine Zeit kommen, wo Paulus wenigstens sich sein Recht nehmen wird; nur muss noch manches vorhergehen, vornehmlich eine ordentliche Ausgabe der paulinischen Schriften, durch welche auch sein Sprachgebrauch erst wird genau bestimmt werden können, und manches festgesetzt, worauf ich jetzt, weil es wohl nur in einem solchen Zusammenhange recht anschaulich heraustreten kann, lieber gar nicht erst hingewiesen habe. Doch statt über dieses unvermeidliche nächste Schicksal meines Versuches, durch die fernere Zukunft über die nähere mich tröstend, vor Ihnen zu epilogisieren, will ich lieber noch eine Last, die man mir aufbürden könnte, abwälzen und einen Vorwurf beseitigen. Man wird mir nämlich anmuten, fürchte ich, zu bestimmen, was denn nun zu der negativen Behauptung, unser Brief sei nicht von Paulus, das positive sei nach meiner Meinung, und welches demgemäss, gesetzt es bestätige sich der Argwohn, das endliche Schicksal unseres Briefes sein solle. Allein die letzte Frage hängt so sehr von den Begriffen ab, die sich ein jeder vom Kanon macht, dass ich nichts darüber bestimmen möchte. Denn ist der Brief unecht, so ist freilich auch nicht zu leugnen, dass der Verf. ein Falsum begangen, indem offenbar seine Absicht gewesen, ihn als einen paulinischen geltend zu machen. Wer also auf die Verfasser sieht bei kanonischen Schriften, dass sie müssten inspiriert gewesen sein oder wenigstens ganz unbescholten, der könnte den Brief wohl nicht dulden in seinem Kanon. Wer aber hierüber hinwegsehend und den frommen Betrug nicht höher anrechnend, als er vom Verf. gemeint war, nur auf den Inhalt Achtung giebt, der könnte ihm ja wohl seine Stelle lassen. Denn offenbar hat er weder aus leerer und verächtlicher Eitelkeit geschrieben, noch aus heimtückischer Absicht, irgend etwas unchristliches unter der Larve des grössten Apostels in die Kirche einzuschleichen; sondern vielmehr in der guten Meinung, manchem echt christlichen nur eine höhere Autorität zu verschaffen. Hierüber kann wohl kein Zweifel sein, wenn man bedenkt, dass alles zusammengetragene doch nur da ist, um dem Briefe das Ansehen eines paulinischen zu geben, und dass also der eigentliche Zweck seiner Abfassung nur in dem eigenen kann gesucht werden, was der Verf. zwischen einschaltet. Unter diesem nun zeichnet sich besonders alles aus, was das weibliche Geschlecht betrifft, sowohl die sehr zweckmässige Gesetzgebung über den Witwenstand — welche unser Verf. gewiss in den Gemeinen, denen er wahrscheinlich vorstand, schon vorgefunden hat, vielleicht als Institutionen des Apostels selbst oder seines unmittelbaren Schülers, und denen er nur eine grössere Gültigkeit, als für welche die Tradition ihnen Gewähr leistete, sichern wollte — als auch die, wenn gleich nicht genau paulinisch geführte, doch sehr wohlgemeinte und heilsame Polemik gegen die nur allzu zeitig entstandene Überschätzung der Jungfrauschaft und des ehelosen Standes überhaupt. Da nun diese sich auf missverstandene paulinische Aussprüche zum Teil stützte, so war um so verzeihlicher für den, welcher überzeugt war, dies sei nur ein Missverstand, wenn er den Widerspruch dagegen demselben Apostel in den Mund legte. So ist auch die unverkennbare Vorschrift, dass alle diejenigen die Deuterogamie meiden sollen, welche die Kirche unmittelbar zu repräsentieren berufen sind, wenn auch Paulus übrigens eben so die Deuterogamie zugab, wie Christus die Ehescheidungen, ganz im Geist jener höheren christlichen Ansicht von der Ehe, wie sie in unserem Briefe an die Epheser dargestellt ist, und unser Verf. sagt nichts, wovon man nicht wünschen müsste, dass die Kirche sich immer daran gehalten hätte.

Was aber die Person des Verfassers betrifft, so wäre es wohl lächerlich, etwas darüber festsetzen zu wollen; und man darf wohl kaum weiter gehen, als zu behaupten, er müsse in den Gegenden zu suchen sein, wo auch Timotheus seinen Sitz gehabt und vorzüglich berühmt gewesen, und eine spätere Zeit als das erste Jahrhundert werden Sie ihm auch nicht anweisen wollen, wenn Sie auch nur der Geschichte der Diakonissinnen nachgehen, wozu Sie alles nötige in Bingh. Orig. L. II. cap. XXII. gesammelt finden.

Der Vorwurf endlich, den ich beseitigen möchte, ist der, dass dieses Schreiben nicht sollte in deutscher Sprache abgefasst worden sein, sondern in römischer. Wenn man nun etwa meint, jenes sei Unrecht der Laien wegen, denen man Untersuchungen dieser Art immer nicht gern will vor Augen kommen lassen: so bedenke man doch, dass ja die Berichte und Urteile darüber in den Tageblättern und Blättchen dennoch in der Muttersprache durch das Land ziehen, und also, da die Thatsache ohnedies nicht unbekannt bleiben kann, derjenige, der nie eine Widerlegung eines Urteils schreibt, gar ungleich daran wäre, wenn vielen nur die Urteile vor Augen kämen, und sie in die Schrift selbst gar nicht hineinsehen könnten. Unrecht sehe ich also hierin um so weniger, da ja doch niemand lesen soll, was er nicht verstehen kann, wäre es auch in seiner Muttersprache geschrieben, und es keine Pflicht sein kann, auf diejenigen Rücksicht zu nehmen, welche dies natürliche Gebot übertreten. Meint man aber die hergebrachte Sitte und den gelehrten Anstand, so müssen Sie zuerst froh sein, dass ich ihm nicht gefolgt bin. Denn Sie würden sonst so wohlfeil nicht abgekommen sein, sondern lateinisch hätte ich mir, wie es ja auch hergebracht ist, ganz andere Abschweifungen erlaubt und Ihnen eine Menge Emendationen der Kirchenväter und Castigationen der Glossatoren, Lexikographen und Ausleger mit in den Kauf gegeben, denen Sie nun glücklich entkommen sind. Und dann ist mir immer eine höchst klassische Geschichte die von einer sehr verständigen sonst auch strengen Hausfrau, welche gegen einen Bruder, eine heranwachsende Tochter, die nicht Freundin ist, sich sonderlich grade zu halten, neuerlich damit entschuldigte, dass jetzt doch gar nicht Zeit wäre, an dergleichen zu denken; und diese Rede habe ich mir zum Wahlspruch genommen für diese Zeit, dass doch jeder, der sich, weil ihn das deutsche Blut in seinen Adern sticht, auf vielfache Weise gestört, gequält und gepeinigt findet, sich ja pflegen und sich alles steifen und einengenden, vorzüglich aber jeglichen Zwanges der Rede entschlagen, und jeder, wie ihm seine Sprache gewachsen ist, an der deutschen Zunge Gediegenheit, Gründlichkeit und natürlicher Freiheit festhalten möge. Leben Sie wohl.

Verlag von Gerhard Reuter, Braunschweig.

Reuter's theologische Klassiker-Bibliothek:

Band I.
Ullmann, C., **Zwei wichtige theologische Abhandlungen**:
1) Zur Charakteristik des Kanonischen und Apokryphischen in Beziehung auf die evangelische Geschichte.
2) Was setzt die Stiftung der christlichen Kirche durch einen Gekreuzigten voraus.

Band II.
Ullmann, C., **Die Sündlosigkeit Jesu.**
I. Teil.

Band III.
Ullmann, C., **Die Sündlosigkeit Jesu.**
II. Teil.

Band IV.
Vinet's **Pastoraltheologie** oder **Lehre vom Dienst am Evangelium.**
I. Teil.

Band V.
Vinet's **Pastoraltheologie** oder **Lehre vom Dienst am Evangelium.**
II. Teil.

Dies alles sind Arbeiten, deren Studium nicht nur jedem Theologen, sondern auch jedem wissenschaftlich gebildeten Manne zur Quelle reiner Freude, reicher Anregung und Förderung sein wird, und in denen die Lösung manches Problems zu finden ist, welche wir in neueren Werken vergeblich suchten.

Der Preis des einzelnen Bandes beträgt bei eleganter Ausstattung
nur 1 Mark.
Die Sammlung wird fortgesetzt.

Ferner erschien in dem oben genannten Verlag:

Der erhöhte Christus,

ein Zeugnis gegen die moderne Theologie.

Conferenzvortrag

von

Karl von Zezschwitz.

Preis 60 Pfg.

Dieser Vortrag, von vornehmer und gemässigter Stimmung getragen, wahrt auf's entschiedenste die positive Stellung; er ist sehr geeignet, sich über die entscheidenden Punkte zu orientiren, zum Verständnisse und damit zur Versöhnung der verschiedenen Richtungen beizutragen. —

Bestellungen nehmen alle Buchhandlungen sowie die unterzeichnete Verlagsbuchhandlung jederzeit gern entgegen.

Hochachtend und ergebenst

Gerhard Reuter,

Verlagsbuchhandlung,

Braunschweig.

Druck von G. A. Brodmann in Erfurt.